JN367554

음식고전 시리즈

癸未書

계미서

일러두기

- 이 책의 구성은 책에 대한 이해, 조리법별 편역, 원문 영인으로 되어 있습니다.
- 책 띠지의 안쪽 면에 고조리서의 연대를 알 수 있는 '연대별 고조리서 정리' 표를 넣었습니다.
- 책의 가독성을 높이기 위해 원본의 한문음을 한글로 썼으며, 해석이 어려운 글은 각주를 달아 설명해두었습니다.
- 편역 목차는 조리법별로 음식을 소개하였으므로 원문의 순서를 따르지 않은 것도 있습니다.
- 편역은 원문을 대조하며 볼 수 있도록 가능한 한 같은 면에 원문의 사진 이미지를 넣었으며, 정황상 그렇지 않은 부분도 있습니다.
- 각 조리법별 시작 부분에는 한국의 옛 부엌살림이나 기명의 이미지를 넣어 한국의 식문화를 느낄 수 있도록 하였습니다.
- 원문 글의 이해를 돕기 위해, 원문에서 빠졌을 것으로 추정되는 내용은 괄호로 처리해 넣었습니다.
- 「계미서」의 책 소개 및 구성과 내용을 정리한 앞부분은 2018년 「한국식생활문화학회지」에 실린 '계미서를 통해 본 조선시대 초기의 음식문화에 대한 고찰'의 글을 바탕으로 정리하였습니다.

음식고전 시리즈

癸未書

계미서

편역_한복려, 김귀영

***

서문

음식은 정성을 다하여 만들어 사람들에게 먹이면 눈으로 감탄하고 입에서 맛을 보며, 몸에 흡수되어 살아갈 수 있는 힘을 만들어줍니다. 순간 본다 해도 먹고 나면 흔적은 없어지고 시간이 지나면 실체가 없어지지만, 맛있는 음식에 대한 기억은 살아 있어 지속적으로 만들어 먹는 즐거움을 누리려고 합니다. 솜씨를 지닌 사람이 없어지면 그 음식을 다시는 맛볼 수 없는 안타까움이 생기게 됩니다. 그러하니 사람은 가도 맛있는 음식, 신기한 음식은 남겨야 한다는 생각에 기록을 하여 지금껏 이어지도록 노력을 해왔습니다. 옛 음식은 삶에 남겨진 위대한 문화유산이기 때문입니다.

고조리문헌의 해제 그리고 이를 재현하고 활용할 수 있는 방법을 모색하는 일은 미래 한국 음식 문화를 만드는 데 꼭 필요한 일입니다. 1975년 2대 궁중음식 무형문화재 황혜성의 『한국요리백과사전』이 편찬되면서 고문헌 연구를 시작하였고, 최초의 한글 조리서 『음식디미방』의 번역과 음식 재현, 한국 최초의 고조리서 『산가요록(山家要錄)』 출간, 궁중의궤 중 정조 8일간의 행차인 『원행을묘정리의궤』를 재현하여 출간하였습니다. 그동안 수많은 고조리서를 접하며 옛 음식을 찾아 조리법을 다시 정리하고 실물로 만들다 보니 어느새 30여 년의 시간이 흘렀습니다. 단지 옛것을 원형대로 다시 만든다는 '복원'이란 말은 감히 쓸 수가 없기에, 한 권 한 권 '다시 가깝게 만들어본다'는 개념을 바탕으로 해 만들었습니다.

한문과 옛말을 제대로 해독하지도 못하는데 현재의 글로써 본래의 의미대로 만든다는 것은 완벽히 자신할 수 없는 문제라고 봅니다. 그럼에도 불구하고 누군가는 기록에 의해 최대한 가깝게 만들어놓아야 한국의 음식 역사를 제대로 이어갈 수 있다고 생각합니다.

고조리서 관련 논문과 해제본을 꾸준히 만들며 글과 사진으로 흔적을 만드는 일을 잘 수행하려는 각오로, 이번 궁중음식연구원 개원 50주년에 맞춰 '음식고전책 시리즈'를 출간합니다. 궁중음식문화재단이 설립되면서 학술 부문 사업으로 시작된 일이기도 합니다. 올해는 「계미서(癸未書)」와 함께 「음식절조(飮食節造)」, 「봉접요람(捧接要覽)」 총 3권을 선보입니다.

고조리서에는 눈으로 보이는 것과 손으로 만져지는 감각 등 별별 것에 대한 표현이 구체적으로 나타납니다. 때로 쓰다 말고 어디를 갔다 왔는지 제대로 말이 이어지지도 않고, 뚝 잘라먹은 자리는 왜 그렇게 많은지. 워낙 오랜 시간이 지나 글씨가 지워지고 낙장이 되어 있기도 합니다. 그리고 직접 조리를 한 사람이 적은 것보다는 타인의 책을 빌린 뒤 글을 쓸 줄 아는 사람에게 베끼도록 한 것도 많으니, 고조리서 하나를 번역하는 과정에는 인고의 노력이 필요한 법입니다.

특히 기록상 초기의 옛 음식들은 원료의 가공과 저장법부터 장 만드는 법, 술 담그는 법 등 시간을 지체하며 자연적으로 발효·생성되는 과정의 내용이 대부분이므로, 분량은 물론이고 조리 시간과 과정까지도 짐작할 수 없는 것이 특징입니다. 그러니 누구도 '정확한 레시피'라고 단언할 수 없습니다. 당시에 사용하던 옛 물건으로 만들었다면 모르지만 그 당시의 음식과 재료는 없어지고, 있다고 해도 형태가 달라졌으며 양념 또한 달라지니 그대로 재현할 수가 없다는 의미입니다. 그런 의미에서 음식 재현을 잘하기 위해서는 시대적 배경이나 지역의 문화를 충분히 알고 이해할 수 있어야만 합니다. 이제는 전 세계가 문화 콘텐츠로 경쟁하는 시대입니다. 고조리서의 연구와 재현 또한 다양한 콘텐츠 결과물로 완성되어 우리 모두에게 쉽게 제공되어야 할 것입니다.

현재의 한국 전통음식은 우리 조상들이 오랜 세월 먹어왔고 그것이 변화를 거치며 달라진 것들입니다. 그러므로 새롭게 만들어지는 고조리서의 출간물은 한국음식의 본질을 찾아 건강한 삶을 영위하기 위한 자원으로 이용해야 하며, 다국적 문화의 혼동 속에서 한국의 훌륭한 전통 문화유산으로 남길 수 있어야 하겠습니다.

이번 책을 내며 각 시대마다 음식 책을 쓰고 남겨준 분들께 마음 깊이 감사함을 전하는 한편, 함께 노력해온 음식 연구자들께 고마움을 전합니다. 아울러 선뜻 어려운 책을 만들어준 출판사 책책의 편집장님께도 대단히 감사드립니다.

아마도 책을 접하는 분들께는 부족한 부분이 있을 줄 압니다. 이를 주저치 마시고 지도 편달해주시기 바랍니다.

2021년 5월

공동 편역자

한복려, 김귀영

목차

***

1500년대 조리서 「계미서(癸未書)」

I. 「계미서」는 어떤 책인가?

1. 서명의 추정

「계미서(癸未書)」는 10여 년 전 한 한학자가 발견한 작자 미상의 고조리서로 (사)궁중음식연구원이 입수해 현재까지 소장하고 있다. 표지에는 '朝鮮開國 一百六十三年 甲寅 六月十四日 癸未書 甲寅 後 三百五十八年 辛亥 十二月二十五日 褙付(조선개국 163년 갑인 6월 14일 계미서 갑인 후 358년 신해 12월 25일 배부)'라는 내용이 적혀 있다. 조선개국 163년이니 1554년 갑인년(甲寅年) 6월 14일 계미날(癸未日)에 만든 것을 갑인(1554) 후, 358년이 지난 신해년(辛亥年, 1911) 12월 25일에 겉표지만 배접하여 만들었음을 뜻한다. 소장처는 옥지산방(玉芝山房)이고 황우(黃牛)라는 붉은색 낙관이 찍혀 있는데, 이는 근간에 찍은 것으로 추정된다. 배접해 만든 표지에 따르면 집필년도를 확실히 알 수 있으며 원제호가 붙었던 자리는 왼편 윗부분에 흰 자리로 남아 있다. 그러나 필자가 누구인지와 보관한 옥지산방이 어디인지를 알아내는 것이 (남은) 숙제이다.

2. 책의 외형

이 책은 한문으로 쓴 필사본(筆寫本)으로 글씨의 서체는 행서(行書, 약간 흘림체)이고 종이는 상당히 좋은 재질의 얇은 닥종이다. 그 당시에는 종이가 귀해 책지(冊紙)로 사용하는 경우에는 종이를 붙여 쓴 것이 종종 있는데, 이 정도 수준의 질 좋은 종이는 그리 쉽게 볼 수 있는 것이 아니다. 글씨를 쓰기 위해서는 더없이 좋은 종이로, 이를 위한 용도로 만든 것으로 추정되며

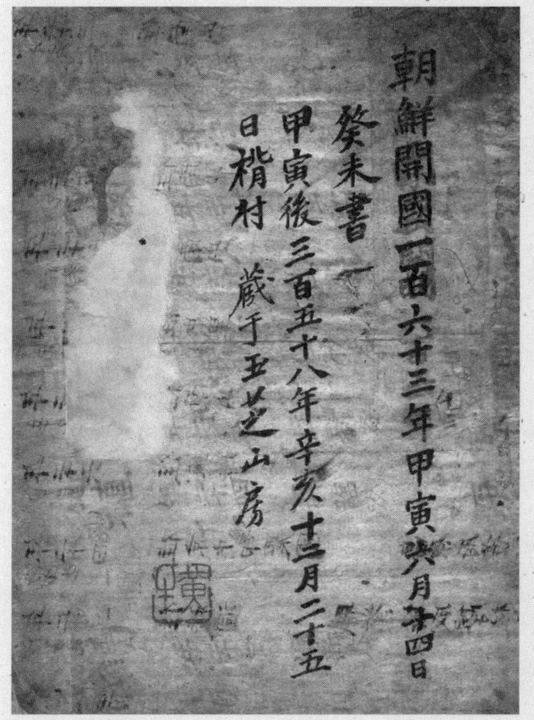

朝鮮開國一百六十三年甲寅六月十四日
癸未書
甲寅後三百五十八年辛亥十二月二十五日
楷村 藏于玉芝山房

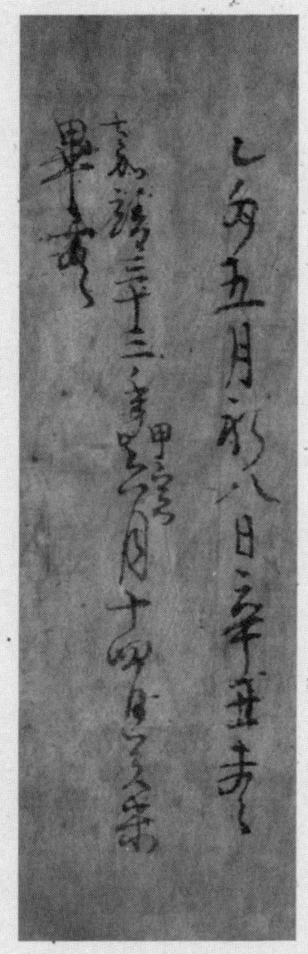

저술한 시기가 적힌 계미서의 표지와 내지 문안.

아마도 상당한 사대부 가문의 집안에서 사용했으리라 여겨진다. 내용의 문체도 어느 음식책보다 유려하고 글씨 또한 작은 글자의 행서로, 처음부터 끝까지 이 정도 수준으로 쓸 수 있는 사람이 그리 흔치 않았을 것이다. 또 쓴 날자를 적을 때 일간지(日干支) 즉 '十四日癸未畢書(십사일 계미필서)', '五月初八日辛丑書(오월 초팔일 신축서)'에서 14일의 간지인 '계미'와 8일의 간지인 '신축'을 꼭 같이 쓰는 것도 17세기 이후로는 특별한 문서가 아니고는 잘 쓰지 않는 습관이다. 그 당시에 이렇게 쓰는 것이 유행이었는지, 아니면 저자 고유의 글 쓰는 습관인지는 알 수 없으나 이 책의 특징 중 하나다. 이런저런 책의 특징들을 종합해 볼 때 저자는 그 당시 학식과 소양이 풍부했던 큰 학자로서 글씨로도 일가를 이룬 사람으로 여겨진다. 또한 이 책은 초고가 아니며 초고를 새로 정서한 것이다.

책은 가로 21cm, 세로 25cm 크기에 20장, 즉 본문 40면으로 되어 있다. 15행이며 행마다 20자를 기준으로 하여, 서자가 행마다 글자의 수효를 지키려고 노력한 것으로 본다. 한편으로 17면 10행까지 마친 후 '嘉靖 三十三年 甲寅 六月 十四日 癸未 畢書(가정 삼십삼년 갑인 유월 십사일 계미 필서)'라고 적어 갑인년(甲寅年, 1554년 조선 명종 9년) 6월 14일에 썼음을 밝혀두었다. 이어서 20면의 끝에는 '乙卯年 五月 初八日 辛丑 書(을묘년 오월 초파일 신축 서)'라고 적어 다음 해 을묘년(乙卯年, 1555년)에 썼음을 밝혔다. 이는 1장 2면과 5행을 거의 1년 동안 증보하였음을 의미한다. 증보한 내용은 저(葅)의 방법을 비롯한 6개 사항을 추가한 정도이다. 삼해주방(三亥酒方)을 제외한 나머지는 모두가 앞서 나온 음식의 범주에 속한다. 이는 책 내용의 절반인 셈인데, 제20면의 다음은 백지로 남겨 놓았다.

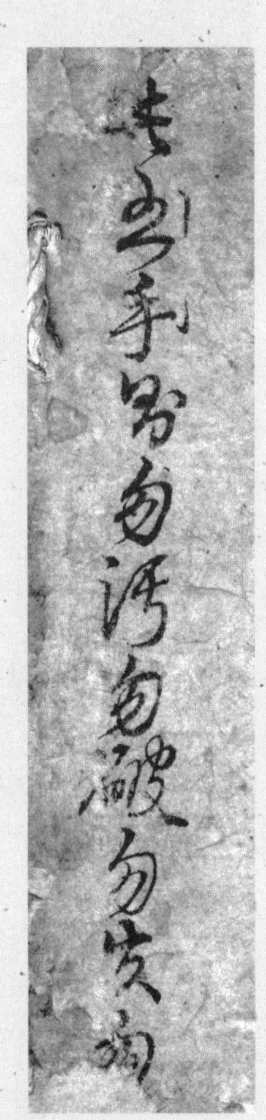

21면부터 30면까지, 5장 10면은 술 빚는 법으로 모두 채웠다. 이는 2차 추가로 갑인년(1554년) 「계미서」에 없던 술 빚는 법을 망라한 새로운 분야를 정리한 것이다. 분량으로나 종류로나 철저하게 자료를 모아 내용을 정리하고자 한 저자의 의지가 돋보인다. 이는 단순한 증보가 아닌 새로운 분야로의 확대라고 하겠으나, 증보한 시기는 밝히지 않았다.

다음 31면부터 34면까지 2장에 걸쳐 앞서 나온 내용의 보충 항목과 고기 굽는 법, 양밀봉방과 과자 굽는 법 그리고 누룩을 만들고 술을 빚는 날짜의 길일과 흉한 날에 관한 내용이 추가되었다. 특히 황구를 굽는 법과 양봉법은 특이한 사항이다. 이는 3차로 추가한 사항인데, 양봉법인 양밀봉방이 가장 두드러진 새로운 분야이고 1면 전체를 할애한 만큼 적지 않은 분량이다. 35면부터 40면까지의 6면, 3장은 4차 보충으로 술과 누룩에 대한 내용이 여러 항목 증보되었고, 국수에 대한 내용도 조금 보충되었다. 또 장(醬)을 담그거나 무를 심는 날, 항아리를 씻는 금기 날짜를 보충하였는데, 택일에 대한 가장 자세한 부분을 집중하여 보충한 느낌이 있다. 추가한 부분이 새로운 장에서 시작하더라도 공백은 많지 않은 셈이고 서체도 크게 변하지 않은 같은 서체로 시종 알관된 느낌이 경이롭다. 이는 적어도 서자와 찬자가 같다는 증거라고 짐작된다. 또한 저자가 오랜 기간 경험이나 독서를 통해 내용을 추가했다는 끈기를 엿볼 수 있고, 적어도 1553년 이후로 매년 추가하여 5년 정도의 기간을 보충하였다고 볼 수 있다.

따라서 이 책의 특징은 증보를 하면서 중간중간 집필한 일월을 적어둔 서자의 주도면밀한 글쓰기 습관이 후세에 공부하는 이들에게 대단한 단초를 제시해준다는 점이다. 증보를 하면서 가끔 집필한 연월일을 작게 적어두었으니 앞서 즙저법(汁菹法)까지는 '乙卯 五月初八日 辛丑書(을묘 오월초팔일 신축서)', 그다음의 술에서는 '乙卯 四月初四日 甲戌書(을묘 사월초사일 갑술서)'라고 적혀 있다. 사실 주방문을 쓴 날짜는 한 달 먼저이니 한 권의 책으로 썼다면 앞부분에 나와야 하나, 따로따로 써 합본으로 만든 형태라고 볼 수 있다.

책의 마지막 장에는 장과 항아리에 대한 주의를 적은 한편으로, 좌측 맨 끝줄에 '決手五側 *勿汚 勿破 勿失 勿*(毁) *勿*(損)(결수오측 물오 물파 물실 물(훼) 물(손))'이라고 기록해놓았다. 이는 '다섯 가지를 지켜야 한다. 더럽히거나 찢어지거나 잃어버리거나 나른해지거나(부패하거나?) 떨어져 나가게 해서는 안 된다'라는 뜻으로, 저자가 공들여 지은 책을 자손에게 남기기 위한 당부의 말을 적은 것이다. 손을 잘 씻고 소중하게 다뤄 보관해 전할 것을 당부했음을 알 수 있다.

II. 「계미서」 음식법의 구성과 내용

우리의 옛 음식을 알 수 있는 대표적 고조리서는 현재 조선 초기 것으로 알려진 「산가요록(山家要錄)」(1450년경)이 있다. 1400년대 중반 어의를 지낸 전순의(全循義)가 집필한 것이다. 그다음은 100여 년 후인 중종 때 안동 광산 김씨가의 김유(金綏, 1491~1555)라는 남성 유학자가 집필한 「수운잡방(需雲雜方)」(1540년경)이다. 이후로는 1600년도 후반 경북 영양 재령 이씨가 여인 장계향(張桂香, 1598~1680)이 저술한 「음식디미방」(1670년경)이나 하생원의 저술 「주방문」(1600년대 말) 등이 있다. 대부분의 고조리서가 조선시대 중반기 이후의 것은 많은 반면, 조선시대 전반기의 조리서는 매우 드물다. 특히 집필 연대를 알 수 있는 단서가 저자의 생몰년이나 활동 시기, 서체, 종이 재질 등으로 한정되어 정확한 연도나 월을 밝힐 수 없는 것도 어려운 점으로 꼽을 수 있다. 이에 집필 연대가 정확한 「계미서」(1554년)는 조선시대 전반기의 음식법을 확실하게 알 수 있는 문헌으로 그 가치가 매우 크다.

또한 「산가요록」을 비롯한 대부분의 조리서들이 주방문이 먼저 나오고 그다음 장, 저, 초, 저장법 등의 순서로 기록된 것이 일반적인데, 「계미서」에서는 장 제조법이 제일 먼저 나온다. 그다음 김치, 초 제조법, 주식, 찬물, 떡과 과자 순으로 나오며 술은 맨 나중에 소개하였다. 이는 술 만드는 법을 추가하여 기록하고 제본한 것으로 볼 수 있다. 기록된 음식법은 총 125항목으로 장 제조법이 13종, 김치(침채) 11종, 초 제조법 13종, 주식 10종, 찬물 22종, 떡과 과자 4종, 재료 마련법 8종, 술 제조법 44종이다. 이를 조리법별로 분류하여 [표 1]과 같이 정리하였다.

표 1 「계미서(癸未書)」의 음식법

장(醬) (13)	말장(末醬), 합장(合醬), 난장(卯醬), 청장(淸醬), 전시법(專豉法), 전시(全豉), 향시(香豉), 침장법(沈醬法), 수장침법(水醬沈法), 즙저(汁菹), 가즙저법(茄汁菹法, 가지즙장법1), 즙저법(汁菹法, 가지즙장법2), 청어장해(靑魚醬醢)
침채 (沈菜) (11)	가과저(茄苽菹, 가지오이지), 과저법(苽菹法, 오이지법), 과저(苽菹, 오이지), 납저(臘菹, 술지게미지), 염나복저(鹽蘿葍菹, 무짠지), 진청침채(眞菁沈菜, 참무김치1), 진청근침채(眞菁根沈菜, 참무김치2), 나박침채(羅薄沈菜, 나박김치), 우침채(芋沈菜, 토란대김치), 개위채(芥胃明菜, 동아겨자김치), 초저법(造菹法, 오이간장절임)

초(醋) (13)	황의진초(黃衣眞醋), 황의법조(黃衣法造, 황의 만드는 법), 모초(麰醋, 보리초), 대맥초법1(大麥醋法1), 대맥초의 또 다른 법2(大麥醋 又法), 사절초1(四節酢1), 사절초법2(四節酢法2), 무시파의초(無時巴衣酢, 때가 없이 쓰는 파의초), 병정초1(丙丁酢1), 병정일초법2(丙丁日醋法2), 파의초(巴衣酢), 창포초(菖蒲酢), 고시초(古是酢)
주식 (主食類) (10)	온반(溫飯), 백죽(白粥, 흰죽), 기매죽(其邁粥, 기장죽), 담죽(淡粥, 묽은 죽), 면(麵, 국수 만들기), 면시(麵豉, 장국 국수), 작세면(作細糆, 가는 국수 만들기), 진주분(眞珠粉), 별면법(別糆法, 난면), 수고아(水餻兒, 물만두)
찬물 (饌物) (22)	건두포(乾豆泡, 말린 두부), 산삼좌반(山蔘佐飯, 더덕자반), 취포(取泡, 두부 연하게 만드는 법) , 편적(片炙), 포탕(泡湯, 두부된장국), 흑탕(黑湯, 육수 만들기), 빙자(氷煮), 계팽(雞烹, 닭찜), 우팽계(又烹雞, 또 다른 닭찜), 별탕(鱉湯, 자라탕), 란저두(爛猪頭, 돼지머리 편육), 족탕(足湯), 마미육(馬尾肉, 말꼬리탕), 치개미육(治改味肉, 변한 고기맛 고치기), 연전포(軟全鮑), 은어(銀魚, 은어찜), 육적(肉炙), 치장(雉醬, 꿩고기 완자), 자우육법(煮牛肉法, 소고기 연하게 삶는 법), 자마육법(煮馬肉法, 말고기 끓이는 법), 팽황구(烹黃狗, 개고기 삶기), 진조(眞鳥, 참새구이)
떡·과자 (餠·菓)(4)	기증병(起蒸餠), 동과정과(冬苽正果, 동아정과), 흑탕법(黑湯法, 검은 엿 만들기), 약과조법(藥果造法, 약과 만드는 법)
재료 마련법 (8)	조녹두말(造菉豆末, 녹두 녹말 만들기), 개즙(芥汁, 겨자즙), 치염(治鹽, 고운 소금 내는 법), 염강(鹽薑, 생강소금절임), 우방연법(牛芳軟法, 우엉을 연하게 하는 법), 장가(藏茄, 가지 저장법), 장과(藏苽, 오이 저장법), 양밀봉방(養蜜蜂方, 꿀벌 기르는 법)
주방문 (酒方文) (44)	삼해주방(三亥酒方), 세신주(細辛酒), 삼두주(三斗酒), 벽향주1(碧香酒1), 오두주(五斗酒), 십두주(十斗酒), 하일불산주(夏日不酸酒), 열시주(熱時酒, 더울 때 마시는 술), 사절통용육두주(四節通用六斗酒), 하별조주(夏別造酒), 별세신주 사절통용(別細辛酒 四節通用), 두강주법1(杜康酒法1), 육두주 사시통용(六斗酒 四時通用), 이미주(二味酒), 예주법(禮酒法), 감주1(甘酒1), 삼일주1(三日酒1), 일일주(一日酒), 하일주(夏日酒), 삼일주2(三日酒2), 감주2(甘酒2), 감주(점감주)3(甘酒3), 과하주(過夏酒), 두강주2(杜康酒), 정향주(丁香酒), 하양주(夏釀酒), 소주법(燒酒法), 하향주(荷香酒), 혜향주(惠香酒), 절주법(節酒法), 삼일주법3(三日酒法3), 조국길일(造麴吉日, 누룩 만들기 좋은 날), 조주기일(造酒忌日, 술 빚기 꺼리는 날), 조주길일(造酒吉日, 술 빚기 좋은 날), 하양좌청주(夏釀坐淸酒), 조곡법(造麴法), 녹파주(綠波酒), 구두주(九斗酒), 모주(麰酒), 수주(收酒, 술 간수하는 법), 치개미주(治改味酒, 술맛 고치는 법), 벽향주2(碧香酒2), 이화주(梨花酒), 하일절주(夏日節酒)

1. 장(醬)

대부분의 고조리서가 술을 제일 먼저 다룬 것에 비하여 「계미서」는 장을 먼저 다루었다. 총 13종의 장 제조법이 기록되어 있는데, 메주가 1종으로 말장(末醬)으로 기록되어 있다. 장을 담가 된장과 간장을 취하는 합장법(合醬法)은 합장(合醬), 침장법(沈醬法), 수장침법(水醬沈法)의 3종을 기록하였다. 또 시(豉, 메주)를 만들어 장을 담그는 제조법은 4종으로 전시법(專豉法), 향시(香豉), 전시(全豉), 청장(淸醬)을 소개하였다. 즙장(汁醬)하는 법은 즙저(汁菹), 즙저법(汁菹法), 가즙저법(茄汁菹法) 3종을 기록하였다. 그 외에 비지를 넣은 난장(卵醬)과 말린 청어를 넣어 장을 담근 청어장해(靑魚醬醢)도 기록되어 있다. 이상의 내용을 [표 2]와 같이 정리하였다.

표 2 「계미서」의 장류

	분류	횟수	내용
장(醬) (13)	메주	1	말장(末醬)
	합장법(合醬法)	3	합장(合醬), 침장법(沈醬法), 수장침법(水醬沈法)
	시(豉)	4	전시법(專豉法), 향시(香豉), 전시(全豉), 청장(淸醬)
	즙장(汁醬)	3	즙저(汁菹), 즙저법(汁菹法), 가즙저법(茄汁菹法)
	기타	2	난장(卵醬), 청어장해(靑魚醬醢)

그중 메주 만드는 법인 '말장'은 「계미서」보다 100여 년 전의 문헌인 「산가요록」에는 '말장훈조(末醬薰造)'로 소개되어 있다. 조리법은 음력 정월에 콩을 삶아 덩어리로 만들어 띄우는 오늘날의 메주 만드는 방법과 유사하다. 우선 정월에 콩을 깨끗이 씻어 콩을 무르게 삶은 뒤 절구에 찧어 단단한 덩어리로 빚어 하루 종일 볕에 말린다. 거죽이 거의 마르면 빈 가마니에 쑥이나 짚을 깔고 메주를 넣은 다음 다시 짚이나 쑥을 깔아 메주 넣기를 반복하고, 맨 위에 쑥이나 짚을 두껍게 덮는다. 7~15일 지나 허옇게 뜨고 냄새가 나면 메주를 꺼내 반씩 쪼개 하루 종일 햇볕을 쬔 후 다시 이전처럼 가마니에 담아둔다. 또 허옇게 되길 기다리며 단단해지지 않으면 두서너 편으로

쪼개 볕을 쬐어 완전히 말렸다가 장을 담그면 좋다고 기록하였다.

조선시대 전반기의 '합장법'은 메주에 소금물을 붓고 합장하여 우려내 지금의 간장인 청장을 얻는 법으로 기록되어 있다. '합장'은 우선 항아리 바닥에 참기름 1종지를 넣고 숯불 3~4개를 놓아 항아리를 소독한다. 메주 3말과 소금 1말을 기준으로 하며, 소금과 물의 비율을 1:2로 하여 베보자기에 소금을 넣고 물을 부어 가라앉혀 쓴다. 메주를 항아리 안에 덜 차도록 여유 있게 넣고 소금물을 가득 붓는다. 만약 소금물이 줄어들면 매일 더 부어주며, 낮에는 항아리를 열어두고 밤에는 덮어두라는 당부를 하였다. 또 두부를 항아리 바닥에 넣거나 삶은 콩 1말을 소금 5되, 물 1동이와 섞어 항아리 바닥에 놓은 다음, 손가락 굵기의 막대로 걸치고 위를 띠풀로 덮은 후 그 위에 보통법대로 장을 담그는 '가침법'을 소개하였다. 간장을 쓸 때는 즙을 한 번 끓이면서 거품을 제거하고 그릇에 담아 잘 봉해두고 쓴다. 콩 건지는 두부를 구울 때 고운 생콩가루를 합하여 끓여 쓰면 좋으며 또 그 콩을 광주리에 담아 즙을 내리면 즙은 청장이 되고, 다시 콩을 쪄 즙을 내려 청장을 취하고 콩 건더기는 좌반(佐飯)으로 만든다고 기록하였다.

'침장법'과 '수장침법'은 다른 장 항목과 같은 면에 기록되어 있지 않고 책 내용의 마지막 3차 증보 분량 끝부분에 간략하게 기록된 내용으로 보아, 앞 내용에 대한 참고 사항을 추가한 것으로 생각할 수 있겠다. 침장법은 합장의 항아리 소독법과 유사한 내용이다. 한편으로 수장침법은 메주 5말, 소금 3말, 물 3동이 등의 재료 소개와 함께 '맛이 달고 아주 좋다'는 맛의 표현만 기록해두었다.

우리나라의 옛 장법에 나오는 '시'는 '흩임메주'로 볼 수 있다. 「계미서」의 '전시법'은 7월 하순 콩을 찐 후 풀을 깔고 찐 콩을 늘여놓고 풀로 덮어 3일이 지나 풀을 걷어내고, 8~9일이 지나 다시 풀을 덮고 14일간 띄운 후 햇볕에 말려 합장하여 7~9일 동안 둔다. 7월 무더위에 흰콩으로 시를 만들어 합장하여 말똥에 묻어 삭힌다고 기록하였다. 또 '전시'는 7월 보름부터 8월 보름 사이에 콩을 쪄 14~21일간 띄워 햇볕에 말린 후, 합장하여 말똥에 묻고 삭혀 7~21일이 지나면 꺼내어 말려 쓴다. 혹은 틀에 넣어 편을 만들어 쓰기도 한다. 합장할 때 오이, 가지, 어린 동과(동아)를 항아리 바닥에 두어도 된다. 그 즙을 잠시 끓여 거품을 제거하고 그릇에 저장했다가 두부적을 할 때 사용하면 아주 좋다고 하였다.

'향시'는 6~7월 상순에 누런 콩을 쪄 띄워 만든 시 1말을 누룩가루 5되, 소금 2되, 물 1말, 참기름 3홉, 산초 1홉과 합장하여 말똥에 묻었다가 21일 후 걸러, 그 즙은 달여 담아두고 건지는 볕에 말려 사용한다. 이 향시는 특이하게 참기름과 산초 넣는 법을 소개한 장으로, 특히 여름철 장의 독특한 향과 맛을 즐길 수 있는 다양한 시를 만들었음을 알 수 있다. '청장'은 콩과 밀기울을 섞어 시를 만든 후 합장하여 간장을 취하는 법을 기록하였다.

'즙장'은 장과 김치의 혼합형 음식으로 여름철 시에 오이, 가지 등 채소를 합하여 장을 만드는 조리법이다. 오늘날 남부 지방에서 여름철 메줏가루에 오이, 가지, 풋고추, 부추 등의 채소를 넣고 삭혀 즐겨 먹는 집장(거름장)이 바로 이것이라고 볼 수 있겠다. '즙저'는 7월에 콩 1말을 1~2일 물에 불리고 누룩 3말을 섞어 절구에 찧은 후 덩어리를 만들어 찐다. 이것을 7일 정도 띄워 메주를 만든다. 이 메줏가루를 소금물로 반죽하여 가지와 오이를 켜켜이 독에 넣고 봉하여 말똥에 묻은 다음 날씨에 따라 7~14일, 또는 21일 후에 꺼내 쓴다고 기록하였다. 메주 만들 때 누룩을 넣어 메주의 발효를 돕는 것이 특징이다. '즙저법'은 콩 3말을 불려 밀기울 3말과 섞고 푹 쪄서 찧어 엄지손가락만 하게 빚고, 10일 정도 띄운 후 말려 가루로 만든다. 이 메줏가루를 소금과 물을 넣고 반죽하여 가지 1동이를 섞어 항아리에 넣고 봉한 다음, 말똥에 묻어 14일이 지나 쓰는 일반적인 방법이 기록되어 있다. '가즙저법'은 6~7월에 콩 1말을 불려 밀기울 2말과 섞고, 쪄서 찧어 덩어리를 만들어 14일 정도 띄운다. 이것을 말려 만든 메줏가루를 소금물로 반죽하여 가지를 섞어 항아리에 넣어 봉한 다음, 말똥에 묻어 14일이 지난 후 쓴다고 기록하였다.

기타 장류 중 '난장'은 합장할 때 평상시에 모아두었던 비지를 말려 가루로 만든 후 항아리 바닥에 깔고 장을 담그는 '비지장법'을 소개하였다. '청어장해'는 항아리 속에 말장가루와 말린 청어를 켜켜이 깔기를 반복하고, 마지막으로 말장가루를 두껍게 깔고 소금과 물을 합장의 예대로 섞어 붓고 봉하였다가 가을 이후로 열어 쓴다고 하였다. 이는 음식 이름으로도 짐작할 수 있듯이 장법과 식해법의 혼합형으로 볼 수 있다.

2. 김치(沈菜)

「계미서」에는 김치류 제조법이 총 11종 기록되어 있다. 저(菹)법이 6종으로 조저법(造菹法), 과저법(瓜菹法), 과저(瓜菹), 납저(臘菹), 가과저(茄瓜菹), 염나복저(鹽蘿葍菹)가 기록되어 있다. 침채(沈菜)는 진정침채(眞菁沈菜), 진정근침채(眞菁根沈菜), 나박침채(蘿薄沈菜), 우침채(芋沈菜) 4종을 기록하였다. 기타 종류로는 개체(芥菜)가 기록되어 있다. 이상의 내용을 [표 3]와 같이 정리하였다.

표 3 「계미서」의 김치류

	분류	횟수	내용
김치(沈菜) (11)	저(菹)	6	조저법(造菹法), 과저법(瓜菹法), 과저(瓜菹), 납저(臘菹), 가과저(茄瓜菹), 염나복저(鹽蘿葍菹)
	침채(沈菜)	4	진청침채(眞菁沈菜), 진청근침채(眞菁根沈菜), 나박침채(蘿薄沈菜), 우침채(芋沈菜)
	기타	1	개채(芥菜)

'저'의 조리법인 '조저법'은 작은 오이를 항아리에 넣고 청장을 끓여 붓고 봉하여 4일이 지나 쓴다고 하였다. '과저법'은 오이를 항아리에 세워 담고 청장과 소금을 섞어 끓여 붓는 방법이다. '과저'는 항아리 바닥에 형개 열매와 향유 이삭을 깔고 오이를 넣은 후 소금물을 끓여 붓는다. '납저'는 어린 오이에 소금과 술지게미를 섞어 담근다. '가과저'는 6~7월 사이 가지와 오이를 항아리에 넣고 소금물을 끓여 붓는다. 이때 할미꽃 뿌리와 줄기를 물과 함께 달여 항아리에 붓는다고 하였다. 오이지를 담글 때 할미꽃을 이용하는 것은 「산가요록」에서도 소개한 방법이다. 이러한 고조리서의 내용을 바탕으로 실험한 결과, 오이지를 담글 때 연부 현상을 방지하기 위하여 할미꽃 뿌리와 줄기를 첨가하면 항균 효과가 있어 오이지의 품질을 향상시키고 저장성을 높인다는 사실을 밝힌 연구가 있다. '염나복저'는 '당청저(唐靑菹)'라고도 하며 무를 소금에 절인 후 씻어 물기를 빼고 소금물에 담그는 법, 물에 담갔다가 소금에 절인 후 씻어 물기를 빼고 소금물에 담그는 법, 무를 짚신으로 밟은 후 씻어 물에 담갔다가 소금물에 담그는 법 등 3가지 방법을 기록하였다.

'침채' 조리법으로 '진청침채'는 무를 조각내 소금에 절여 씻어 물기를 뺀 후 소금물에 담그는 제조법이라고 기록하였다. '진청근침채'는 '토읍침채(土邑沈菜)'라고도 하며, 무를 조각내 소금물을 끓여 식혀 붓는다. 또 다른 법으로는 무를 조각내 물에 담가 맑은 물이 나오도록 물을 계속 갈아주거나, 혹은 옅은 쌀뜨물을 끓여 차게 식혀 소금기가 약간 있게 해서 항아리에 넣는 법을 기록하였다. '나박침채'는 참무를 깨끗이 씻어 껍질을 깎아 얇게 잘라 담근다고 간략하게 기록하였다. '우침채'는 '모비읍침채(毛飛邑沈菜)'라고도 하며, 서리 내리기 전 토란 줄기를 베어다가 쪼개 소금에 절이는 법을 기록하였다.

특이한 침채로는 '개체'를 기록하였다. 이는 동아를 손가락 굵기의 한 치 길이로 썰어 끓는 물에 참기름을 넣고 데쳐낸 후 짙은 겨자즙에 섞어 담는데, 이때 무청 줄기를 한 치 길이로 잘라 같이 담가도 좋다고 하였다. 이러한 동아침채는 「산가요록」에도 등장하며, 동아와 순무를 썰어 소금에 절인 후 참기름과 겨잣가루를 섞어 담근다고 소개하였다. 예부터 동아는 채소가 귀한 겨울철에 두고 먹을 수 있는 채소 중 으뜸이었음을 알 수 있다. 1795년 정조가 모후 혜경궁을 모시고 회갑연을 연 화성행차 8일간의 상차림을 기록한 「원행을묘정리의궤(園幸乙卯整理儀軌)」를 보면, 음력 윤2월 10일 조수라에 올린 침채인 '동과초(冬瓜醋)'도 비슷한 조리법으로 동아침채가 이어져 내려왔음을 알 수 있다.

3. 초(醋)

「계미서」에는 초류 제조법이 총 13종 기록되어 있다. 고리(古里) 제조법은 황의법조(黃衣法造) 1종이 기록되어 있다. 초(醋) 제조법은 총 12종으로 황의진초(黃衣眞醋), 모초(麰醋), 사절초(四節酢), 사절초법(四節酢法), 대맥초법1(大麥酢法1), 대맥초법2(大麥酢法2), 병정초1(丙丁酢1), 병정초2(丙丁酢2), 파의초(巴衣醋), 무시파의초(無時巴衣醋), 창포초(菖蒲酢), 고시초(古是酢)가 기록되어 있다. 이상의 내용을 [표 4]와 같이 정리하였다.

그중 '고리' 제조법인 '황의법조'는 밀을 불려 푹 쪄서 삼잎을 섞고 참쑥을 두껍게 덮은 다음, 7일이 지나 누런 털이 생기면 햇볕을 쬐어 사용한다고 기록하였다.

표 4「계미서」의 초

	분류	횟수	내용
초(醋) (13)	고리(古里)	1	황의법조(黃衣法造)
	초(醋)	12	황의진초(黃衣眞醋), 모초(麰醋, 보리초), 사절초(四節酢), 사절초법(四節酢法), 대맥초법1(大麥酢法1), 대맥초법2(大麥酢法2), 병정초1(丙丁酢1), 병정초2(丙丁酢2), 파의초(巴衣醋), 무시파의초(無時巴衣醋), 창포초(菖蒲酢), 고시초(古是酢)

초 제조법 중 '황의진초'는 쌀 1말로 밥을 지어 황의 2되와 누룩 2되로 쌀식초를 만드는 법을 기록하였다. '모초'는 주재료인 겉보리 1말과 쌀 약간으로 식초를 제조하는 법을 기록하였다. 보리쌀로 만드는 초는 2종을 소개하였다. 우선 '대맥초법1'은 보리쌀을 쪄 식힌 후 항아리에 넣고, 5일이 지나 털이 생기면 물을 넣어 봉한 다음 21일이 지나 맑아지면 쓴다고 하였다. '대맥초법2'는 같은 제조법이나 7월 7일에 물을 넣어 15일이 지나 쓸 수 있는 여름철 초 제조법을 기록하였다. '사절초'는 병정일에 제조하는 초법으로 1법은 쌀과 쌀 1/2 분량의 밀, 누룩을 섞어 사용하며, '사절초법'은 쌀과 누룩만 사용하며 제조하는 법을 기록하였다. '병정초'는 병일(丙日)과 정일(丁日)에 담그는 초법으로 '병정초1'은 병정일에 길어온 정화수 1말 5되와 누룩 1되 5홉을 합해 항아리에 넣고 볕이 있는 곳에 둔다. 현미 1말, 밀 5되를 합하여 씻어 물에 담가둔다. 정일(다음 날)에 시루에 넣고 찐 다음 시루에서 재빨리 항아리에 쏟고 물을 돌려가며 붓는다. 21일 후에 비단으로 아가리를 싼 다음 유지로 싸고 생풀을 덮어두었다가 7일이 지나 쓰면 좋다고 하였다. 또 '병정초2'는 매월 첫 병일에 정화수 1말을 길어 좋은 누룩 1되와 섞어 항아리에 넣고, 씻은 쌀 6되로 정일 꼭두새벽에 진밥을 지어 물을 부은 곳(항아리)에 넣고 익기를 기다렸다가 열어 쓴다고 기록하였다.

'파의초'는 6월 그믐에 시작하여 8월 15일 밤에 열어 사용하라고 하였으며, '무시파의초'는 때에 상관없이 담근 지 21일 후부터 쓰면 좋다고 기록하였다. '창포초'는 5월에 담근 지 3일 후 쓸 수 있는 초로 소개하였고, '고시초'는 주재료가 찹쌀로 담근 지 14일 후부터 쓸 수 있는 초라고 기록하였다.

4. 주식(主食)

「계미서」에는 주식 조리법이 총 10종 기록되어 있다. 밥(飯)은 온반(溫飯) 1종이고 죽(粥)은 백죽(白粥), 담죽(淡粥), 기매죽(其邁粥) 3종이 기록되어 있다. 면 제조법은 5종으로 면(麵); 별면법(別麵法), 작세면(作細麵), 면시(麵豉), 진주분(眞珠粉)이 기록되어 있다. 만두법은 수고아(水餻兒) 1종이 기록되어 있다. 이상의 내용을 [표 5]와 같이 정리하였다.

표 5 「계미서」의 주식

	분류	횟수	내용
주식(主食) (10)	밥(飯)	1	온반(溫飯)
	죽(粥)	3	백죽(白粥), 담죽(淡粥), 기매죽(其邁粥)
	국수(麵)	5	면(麵), 별면법(別麵法), 작세면(作細麵), 면시(麵豉), 진주분(眞珠粉)
	만두	1	수고아(水餻兒)

'온반'은 밥 위에 소고기나 꿩고기, 다시마전, 두부, 소유병(小油餠), 잣 등의 고명을 얹고 청장으로 간을 한 육수를 끼얹은 탕반으로, 육수는 소고기나 꿩고기로 만든 흑탕(산가요록에 나타남)을 쓴다.

죽 조리법 중 '백죽'은 죽 한 사발을 만들려면 쌀 3홉에 쌀뜨물 한 사발을 섞어 죽이 한 사발 될 때까지 끓인다고 소개하였다. '담죽'은 율무가루, 산약가루, 원미가루를 같은 분량으로 섞어 끓는 물에 넣고 죽을 쑨 후 꿀을 섞어 먹는다고 기록하였다. '기매죽'은 청장으로 간한 고기 육수에 기장쌀로 죽을 쑤고, 가늘게 썬 살코기와 짠무김치, 오이지 또는 오이장아찌의 짠맛을 없앤 후 가늘게 썰어 익혀 함께 넣는다고 기록하였다.

면 제조법으로 '면'은 메밀로 메밀가루를 만들고 녹두가루를 섞어 국수를 만드는 법을 기록하였다. '별면법'은 밀가루에 달걀이나 꿩알을 넣고 반죽하여 면을 만들어서 먹으면 좋다고 기록하였다. '작세면'은 녹두 녹말을 끈기 있는 풀로 쑨 후 바가지 구멍으로 흘려내려 가는 면 만드는 법을 기록하였다. '면시'는 닭을 삶아 청장으로 간하여 육수를 만들고, 닭고기는 찢어 양념하여 볶아 육수와 섞은 후 면을 넣고 장 양념을 얹는 방법으로서 요즘의 국수장국과 같은 조리법을 기록하였다. '진주분'은 우선 기장이나 메밀을 곱게 정미한 후 무른 밥을 지어 냉수에 씻어 건져 밀가루를 묻힌다. 이것을 뜨거운 물에 넣었다가 찬물에 씻어 건지기를 두 번 반복하고, 녹두 녹말을 묻혀 뜨거운 물에 넣었다가 찬물에 씻어 건지기를 두 번 반복한다. 이러한 방법은 '보리수단'의 조리법과 유사하다고 볼 수 있다. 또 오이장아찌를 가늘게 썰어 짠맛을 씻어내고 연한 고기를 진주분 크기로 썰어 참기름에 볶아 익힌 다음 각종 향채와 들깨즙을 넣고 섞어 숟가락으로 먹는다고 소개하였다. 이 음식은 다양한 재료와 모양, 색이 귀한 진주만큼이나 아름답고 맛이 뛰어난 음식으로 추정된다.

만두는 '수고아'로 밀가루에 메밀가루를 섞어 반죽하여 피를 만들고, 소고기 소를 넣고 빚어 물에 삶아 생강즙과 함께 먹는다고 기록하였다.

5. 찬물(饌物)

「계미서」에는 찬물(饌物) 조리법이 총 22종 기록되어 있다. 국은 흑탕(黑湯)·포탕(泡湯)·별탕(鼈湯)·족탕(足湯) 4종을 기록하였고, 두부는 취포(取泡)·건두포(乾豆泡) 2종을 기록하였다. 또 고기 음식이 12종으로 편적(片炙), 난저두(爛猪頭), 마미육(馬尾肉), 치개미육(治改味肉), 육적(肉炙), 자우육법(煮牛肉法), 자마육법(煮馬肉法), 진조(眞鳥), 계팽(鷄烹), 핑계(烹鷄), 팽황구(烹黃狗), 치장(雉醬)이 기록되어 있다. 여기서는 돼지고기, 소고기 이외에도 말고기, 참새고기를 먹는 법까지 소개했다. 특히 다른 고조리서에서 볼 수 없는 말고기 음식을 다룬 것이 특이한 점이다. 생선 음식은 2종으로 연전포(軟全鮑), 은어(銀魚)가 기록되어 있다. 그 외에 산삼좌반(山蔘佐飯), 빙자(氷煮)의 조리법도 기록되어 있다. 이상의 내용을 [표 6]과 같이 정리하였다.

표 6 「계미서」의 찬물

	분류	횟수	내용
찬물(饌物) (22)	국(湯)	4	흑탕(黑湯), 포탕(泡湯), 별탕(鼈湯), 足湯(족탕)
	두부(泡)	2	취포(取泡), 건두포(乾豆泡)

고기(肉)	12	편적(片炙), 난저두(爛猪頭), 마미육(馬尾肉), 치개미육(治改味肉), 육적(肉炙), 자우육법(煮牛肉法), 자마육법(煮馬肉法), 진조(眞鳥), 계팽(鷄烹), 팽계(烹鷄), 팽황구(烹黃狗), 치장(雉醬)
생선(魚)	2	연전포(軟全鮑), 은어(銀魚)
기타	2	산삼좌반(山蔘佐飯), 빙자(氷煮)

국 조리법 중 '흑탕'은 육수법이다. 날짐승 삶은 물이 최고로 좋다고 한다. 「산가요록」에도 흑탕법이 기록되어 있는데 주재료는 생치(꿩고기)이나, 닭이나 날짐승도 쓴다고 하였다. 이는 예부터 우리나라가 소고기 육수보다 꿩이나 닭 등 날짐승 고기의 육수가 더 보편적이었음을 알 수 있는 부분이다. 농업 국가에서 농경의 큰 동력원인 소의 식용은 극히 삼갔음을 짐작할 수 있다. '포탕'은 두부를 두껍게 썰어 참기름으로 지져 청장을 두르고 무김치 줄기를 잘라 같이 끓이면 좋다고 하였다. '별탕'은 자라를 잘 손질하여 참기름을 두르고 볶은 후 된장을 풀어 삶아 양념하고, 파 흰 부분을 섞는다고 기록하였다. '족탕'은 각종 가축의 족을 손질하여 푹 삶아 찢은 후 청장으로 간을 맞추고 양념한다.

'취포'는 콩 1말과 녹두 1말을 사용해 두부 만드는 법을 기록하였다. 콩과 녹두를 함께 쓰면 두부가 연하면서 부서지지 않는다고 한다. '건두포'는 2월에 콩 1말을 사용하여 두부를 9조각 나게 단단하게 만들어 낮에는 햇볕에 말리고 밤에는 두부통 물에 담가두는데, 그 두부물이 다할 때까지 반복하는 과정을 거쳐 건두부 만드는 법을 기록하였다.

고기 음식 중 '편적'은 고기 굽는 법이고 '난저두'는 돼지머리를 삶아 얇게 썰어 겨자즙에 찍어 먹는 법을 기록하였다. '마미육'은 말꼬리로 육수 만드는 법을 기록하였고, '치개미육'은 고기 삶을 때 호두알 3~4개를 넣으면 좋다고 하였다. '육적'은 기름기 없는 고기를 청장즙과 참기름에 재웠다가 굽는 법이다. '자우육법'은 늙은 소고기를 삶을 때 으깬 살구씨와 지황잎을 넣고 삶으면 쉽게 익는다고 하였는데, 이때 솥뚜껑을 덮지 말라고 당부한다.

'자마육법'은 말고기 삶는 법을 소개한 것으로 파와 술을 넣으면 좋으며, 이때에도 솥뚜껑을 덮으면 안 된다고 하였다. 병든 말고기는 소금, 술, 파, 산초, 회향 등에 하루나 이틀 담가두었다가 술을 뿌리면서 쪄야 독기가 없어진다고 한다. '진조'는 참새를 구워 좋은 술에 담갔다가 참새고기를 먼저 먹고 그 술도 마시는 것으로, 동지 후 입춘 전의 참새가 좋다고 하였다. '계팽'은 손질한 닭 배 속에 회향, 지채, 천초장, 참기름을 섞어 넣은 후 대침으로 봉하고, 청장과 참기름으로 간을 맞춘 물을 작은 항아리에 붓는다. 여기에 닭을 넣고 기름종이로 봉한 다음 솥 안에 횡목을 걸치고 항아리를 놓아 중탕한다. 12시간 정도 중탕한 후 닭살을 찢고 삶아낸 국물에 후춧가루를 뿌려 먹는다고 기록하였다. '팽계'는 계팽의 내용과 비슷하나 닭을 항아리에 넣지 않는다. 닭을 위와 같은 방법으로 준비하고 단정하게 묶은 후, 솥에 손가락만 한 나무 서너 개를 넣고 닭을 그 위에 안치하여 물 한 사발을 붓고 끓인다. '팽황구'는 황구의 살을 발라 물 5사발과 참기름 5홉, 청장을 섞어 항아리에 넣고 봉한 후 솥에 물을 붓고 담가 삶는 법을 소개하였다. 먹을 때 초와 청장, 파즙을 섞어 곁들인다. '치장'은 꿩고기로 완자 만드는 법을 기록하였다.

생선 요리 중 '연전포'는 말린 전복을 삶을 때 진흙이나 부서진 기와를 조금 넣고 삶으면 연하다고 소개하였다. '은어'는 마른 은어를 쌀뜨물에 담갔다가 청장즙과 참기름을 조금 섞은 물에 삶으면 갓 잡은 것과 다름없다고 하였다.

'산삼좌반'은 2가지 조리법을 기록하였다. 더덕을 껍질 벗겨 홍두깨로 두드리고 칼로 쪼개어 항아리에 담고 청장즙을 넣어 스며들고 마르면 참기름을 발라 쓰는 법과, 더덕을 삶아 껍질을 벗기고 찧은 후 참기름을 발라 조리하는 방법이다. 그 외에 녹두빈대떡 만드는 법인 '빙자'를 소개하였다.

6. 떡과 과자

「계미서」에는 떡과 과자류의 조리법이 총 4종 기록되어 있다. 떡이 기증병(起蒸餠) 1종, 약과가 약과조법(藥果造法) 1종, 정과가 동과정과(冬瓜正果) 1종 그리고 엿이 흑탕법(黑湯法) 1종으로 기록되어 있다. 이상의 내용을 [표 7]과 같이 정리하였다.

표 7 「계미서」의 떡과 과자

	분류	횟수	내용
떡·과자(餠·菓)(4)	떡	1	기증병(起蒸餠)
	약과	1	약과조법(藥果造法)
	정과	1	동과정과(冬瓜正果)
	엿	1	흑탕법(黑湯法)

'기증병'은 증편을 하는 방법으로 밤채, 잣, 호두, 석이, 대추를 고명으로 뿌리고 쪄낸 후 꿀을 바른다. '약과조법'은 밀가루 1말, 꿀 1되 5홉, 참기름 5홉을 섞어 약과를 빚어 익힌 후 꿀에 집청하는 법을 기록하였다. '동과정과'는 동아를 썰어 사와가루(굴껍질로 만든 재)와 섞어 하룻밤 재우고 씻어 꿀과 섞어 끓인 후 그 꿀은 버리고 새 꿀을 섞어 끓인다. 여기에 생강채를 섞어 항아리에 두면 오래되어도 새것과 같다고 하였다. '흑탕법'은 겉보리로 엿기름을 만드는 법과 쌀과 엿기름으로 엿 만드는 법을 기록하였다.

7. 재료 마련법

「계미서」에 기록된 재료 마련법은 총 8종으로 조녹두말(造綠豆末), 개즙(芥汁), 치염(治鹽), 염강(鹽薑), 우방연법(牛芳軟法), 장가(藏茄), 장과(藏瓜), 양밀봉방(養蜜蜂方)이 기록되어 있다. 이상의 내용을 [표 8]과 같이 정리하였다.

표 8 「계미서」의 재료 마련법

	분류	횟수	내용
재료 마련법(8)	가루 내는 법	1	조녹두말(造綠豆末)
	양념	2	개즙(芥汁), 치염(治鹽)
	채소	4	우방연법(牛芳軟法), 염강(鹽薑), 장가(藏茄), 장과(藏瓜)
	기타	1	꿀벌 기르는 법(養蜜蜂方)

'조녹두말'은 녹두로 녹말을 만드는 법이다. '개즙'은 겨자즙 만드는 법이며 '치염'은 고운 소금 만드는 법이다. '염강'은 생강을 소금에 절여 물에 씻어 말리는데 이때 붙지 않도록 밀가루를 바른다고 하였다. '우방연법'은 우엉

을 연하게 삶는 법을 기록한 것이다. '장가'는 가을철 서리가 내리기 전의 가지를 꼭지가 달린 채로 사용한다. 항아리에 재를 넣고 꼭지를 밑으로 하여 재에 묻어두면 색깔이 변하지 않는다고 하였다. '장과'는 오이를 소금에 묻어두었다가 절회수(折灰水)에 담가 소금기를 빼서 쓰는 방법이다. '양밀봉방'은 꿀벌 기르는 법, 좋은 꿀 뜨는 시기와 방법을 기록하였다.

8. 술

「계미서」에는 주방문(酒方文)이 총 44종 기록되어 있다. 술을 제조 방식에 따라 분류한 것으로, 한 번 빚은 술인 단양주(單釀酒)는 이화주(梨花酒)가 기록되어 있다. 이양주(二釀酒)는 총 20종으로 세신주(細辛酒), 별세신주사절통용(別細辛酒四節通用), 벽향주1(碧香酒1), 두강주2(杜康酒2), 이미주(二味酒), 정향주(丁香酒), 녹파주(綠波酒), 하양주(夏釀酒), 혜향주(惠香酒), 하향주(荷香酒), 하별조주(夏別造酒), 하양좌청주(夏釀坐淸酒), 절주법(節酒法), 과하주(過夏酒), 삼두주(三斗酒), 예주법(醴酒法), 하일불산주(夏日不酸酒), 모주(麰酒), 사절통용육두주(四節通用六斗酒), 육두주사시통용(六斗酒四時通用)이 기록되어 있다. 세 번 빚은 삼양주(三釀酒)는 6종으로 삼해주(三亥酒), 두강주1(杜康酒1), 벽향주2(碧香酒2), 오두주(五斗酒), 구두주(九斗酒), 십두주(十斗酒)가 기록되어 있다. 또 술을 빚은 지 1주일 이내 쓰는 속성주(續成酒)는 7종이며 일일주(一日酒), 삼일주1,2,3(三日酒1,2,3), 하일주(夏日酒), 하일절주(夏日節酒), 열시주(熱時酒)를 소개하였다. 감주법(甘酒法)은 감주1,2,3(甘酒1,2,3)의 3종이 기록되어 있다. 소주는 소주법(燒酒法) 1종을 소개했으며, 기타 내용으로 수주(收酒), 치개미주(治改味酒), 조국법(造麴法), 조국길일(造麴吉日), 조주길일(造酒吉日), 조주기일(造酒忌日)에 대한 것이 기록되어 있다. 이상의 내용을 [표 9]와 같이 정리하였다.

'단양주'는 1차 발효만 시키는 상용 약주로 그 양조법이 단순하다. 「계미서」에는 '이화주' 1종만 기록하였다. 이화주는 전통적인 쌀누룩 술로 청주를 분리하지 않은 탁하고 흰죽과 같은 술이나, 오늘날의 막걸리와는 다른 술로 볼 수 있다. 이화주는 보통 배꽃이 필 무렵 빚는 술이지만 책에서는 술을 빚는 시기에 대해서는 언급하지 않고, 쌀가루를 절병처럼 쪄 배꽃잎처럼 뜯어 술을 빚는다고 하였다.

표 9 「계미서」의 술

	분류	횟수	내용
술(酒方文) (44)	단양주(單釀酒)	1	이화주(梨花酒)
	이양주(二釀酒)	20	세신주(細辛酒), 별세신주사절통용(別細辛酒四節通用), 벽향주1(碧香酒1), 두강주2(杜康酒2), 이미주(二味酒), 정향주(丁香酒), 녹과주(綠波酒), 하양주(夏釀酒), 혜향주(惠香酒), 하향주(荷香酒), 하별조주(夏別造酒), 하양좌청주(夏釀坐淸酒), 절주법(節酒法), 과하주(過夏酒), 삼두주(三斗酒), 예주법(醴酒法) 하일불산주(夏日不酸酒), 모주(麰酒), 사절통용육두주(四節通用六斗酒), 육두주사시통용(六斗酒四時通用)
	삼양주(三釀酒)	6	삼해주(三亥酒), 두강주1(杜康酒1), 벽향주2(碧香酒2), 오두주(五斗酒), 구두주(九斗酒), 십두주(十斗酒)
	속성주(續成酒)	7	일일주(一日酒), 삼일주1, 2, 3(三日酒1, 2, 3), 하일주(夏日酒), 하일절주(夏日節酒), 열시주(熱時酒)
	감주(甘酒)	3	감주1, 2, 3(甘酒1, 2, 3)
	소주(燒酒)	1	소주법(燒酒法)
	기타	6	수주(收酒), 치개미주(治改味酒), 조국법(造麴法), 조국길일(造麴吉日), 조주길일(造酒吉日), 조주기일(造酒忌日)

'이양주'는 어느 정도 발효시킨 밑술에 다시 덧술 하는 방법으로 우리나라의 전통술 종류 중 가장 많이 사용되는 양조법이다. 책에 수록된 20종의 이양주 제조법에서 초양에 사용하는 곡물 재료는 멥쌀을 17회, 찹쌀을 2회, 보리쌀을 1회 사용하였다. 이양에서 사용한 곡물 재료는 멥쌀을 13회, 찹쌀을 6회 사용하였다. 또 누룩은 초양에서 모든 술 빚는 법에 사용하였으며, 이양에서는 5회 사용하였다. 발효보조제로 사용한 밀가루는 초양에 3회, 이양에 3회 사용하였다. '모주'는 보리를 쪄 3일 동안 물에 담갔다가 씻어 말린 후 다시 찧어 물에 담가 법대로 술을 빚는다고 하였으나, 자세한 재료는 언급하지 않았다.

'삼양주'는 섬세한 방법으로 여러 번 덧술 하여 순후(醇厚)한 맛이 나도록 빚어내는 약주이다. 책에 기록된 6종의 삼양주 제조법에서 초양에 사용하는 곡물 재료는 멥쌀을 5회, 찹쌀을 3회 사용하였다. '삼해주'는 초양에 찹쌀을 사용하였고 '벽향주2'와 '십두주'는 초양에 멥쌀과 찹쌀을 함께 사용하였다. 이양에서 사용한 곡물 재료는 멥쌀을 6회, 찹쌀을 1회 사용하였는데, 삼해주의 이양에서는 멥쌀과 찹쌀을 모두 사용하였다. 삼양에서 사용한 곡물 재료는 멥쌀을 6회 사용하였다. 누룩은 초양의 모든 술 빚는 법에, 이양에서는 4회 사용하였고 삼양에서는 '구두주'에서만 1회 사용하였다. 발효보조제인 밀가루는 '삼해주'와 '두강주1'에서 사용하였다.

'속성주'는 단시일 내 숙성되는 술인 '순내주(旬內酒)'로 대개 1주일 정도 걸린다. 보통 단양주가 많으나 「계미서」의 속성주인 '일일주', '삼일주1', '삼일주2', '삼일주3', '열시주'는 이양주이다. 사용된 재료는 멥쌀이 가장 많고 그다음으로 찹쌀을 많이 사용하였으며, 단시간 발효를 위해 누룩의 양을 많이 사용하는 편이다. 특히 '하일주'와 '하일절주'는 속성 발효를 위해 밀가루를 첨가했음을 알 수 있다.

'감주법'은 3종이 수록되어 있다. '감주'는 특별한 양조법으로 달게 빚은 술로, 엿기름으로 만든 식혜와는 달리 누룩을 이용해 빚으며 물을 매우 적게 사용하는 것이 특징이다. 세 종류 중 '감주3'은 엿기름가루를 첨가하였다.

'소주법'은 멥쌀 1말에 누룩 3되로 술을 빚는 법을 간단하게 기록하였다.

그 외에 '수주', '치개미주', '조국법', '조국길일', '조주길일', '조주기일' 등 술에 관한 기본법과 주의점이 기록되어 있다. 좋은 누룩을 꿩 알만 하게 깎아 술항아리에 넣으면 술맛이 변하지 않는다는 '수주법'과, 찹쌀가루로 떡을 만들어 구멍을 뚫고 옹기 바닥에 둔 후 시어진 술을 붓고 며칠 지나면 맛이 처음과 같아진다는 '치개미주법'을 기록하였다. '조국법'은 기울과 녹두를 섞어 만드는 법을 기록하였다. 또 누룩 만들기 좋은 날과 술 빚기 좋은 날, 술 빚기를 피해야 하는 날을 기록하였다.

장
醬

장 제조법이 총 13종 기록되어 있다. 장을 담그는 데 꼭 필요한 콩을 발효시켜 메주와 시를 만드는 법이 시작되고, 소금물을 부어 장을 담그는 합장법, 침장법, 수장법이 소개된다. 특히 지금은 없어진 콩 낟알로 만든 전시로 전시법, 향시, 전시, 청장 4종이 소개되어 있다. 또한 장을 담글 때 오이, 가지 등 채소를 같이 넣어 담그는 집장은 장을 이용한 반찬임을 알 수 있다.

됫박 _ 장을 담그려면 콩, 곡물, 누룩, 소금 등을 정확히 계량하여 담가야 한다. 나무로 사각 틀을 우묵하게 크고 작게 말, 되, 홉으로 됫박을 만들어 썼다.

○未醤 正月大豆廿八日任宜淘沙淨洗烹造
時水溢盡添冷水退火極軟烹熟取出舂之俾無
全粒作塊至堅略陽一面午前又反置曝一面午後外
面稍乾置潤處石中置其萬蒿弦之或房或不布蒿
厚半尺許排居一件又以蒿厚蓋以石皮覆之三四件
經七日或十日十五日而薰蒸色白内軟若過久則生
臭斟酌出之剖作兩片處剖向日曝之一日而後納
石中如前埋置又待色白不至堅乾又出剖作二三片如
前曝之一日而後納石埋置久則自乾出之極宜後曝乾
造爲可

末醬 · 말장

메주 담그는 법

正月 太多少任意[1] 淘沙淨洗 烹造時水溢則 添冷水退火 極軟烹熟 取出舂[2]之 俾無全太 作塊至堅

略陽一面午前 又反置曝一面午後 外面稍乾則 納空石[3]中 置蒿[4]結之 或房或廳 布蒿草半尺[5]許 排后一件 又以蒿厚盖 以石皮覆之三四件

經七日或十日十五日而 薰蒸色白內軟 若過久則生臭 斟酌出之 剖作兩片 剖處向日曝之一日而

還納石中 如前埋置 又待色白 不至堅乾 又出剖作二三片 如前曝之一日 還納石埋置

久則自乾出之 極露曝[6] 沈造爲可

정월에 담그는 장으로, 콩은 분량에 상관없이 준비해 돌 없이 깨끗이 씻어 일어낸다. 콩을 삶는 동안 끓어 넘치기 전에 찬물을 끼얹어주며 불을 낮춰 삶는다. 콩이 매우 연한 상태가 되면 절구에 넣고 콩 알맹이가 없어질 때가지 찧어 단단하게 덩어리를 만든다.

볕에 말린다. 오전에는 한쪽 면을 말리고, 오후에는 뒤집어 반대쪽 면을 말린다. 겉이 차츰 마르면 빈 섬에 넣고 쑥풀을 덮어 묶는다. 방이나 마루에 쑥을 15cm 두께로 깔고 섬을 올린다. 여기에 다시 쑥을 두껍게 덮고 섬피 3~4장을 얹는다.

7일, 혹은 10~15일이 경과하면 메주가 허옇게 뜨고 속이 물러지며 냄새가 난다. 이때 꺼내어 반으로 쪼개고, 쪼갠 면을 하루 동안 볕에 쬔다.

다시 섬에 넣고 처음 과정과 같이 묻어두어 하얗게 될 때까지 기다린다.

단단하게 마르지 않은 경우에는 다시 꺼내 2~3조각으로 나눠, 하루 동안 볕을 쬔 다음 섬에 넣어 묻는다.

시간이 지나 자연히 마르면 꺼내어 이슬을 맞히고 볕을 쪼여 장을 담근다.

1 多少任意(다소임의): 많고 적음은 임의대로, 분량에 관계없이
2 舂(용): 절구에 찧다
3 石(석): 섬
4 蒿(고): 짚, 쑥(호)
5 尺(척): 자, 30.3cm
6 露曝: 曝露(폭로), 이슬과 볕을 쪼여

末醬斯速洗之 末醬三斗鹽一斗 或末醬五斗鹽二斗式相間 末醬瓮未滿一斗許 鹽和水漉注滿瓮 [大槪末醬四斗則 水一盆[1]許] 若□□[2]餘則 後日添入則
以手築之布鹽 夜則盖之 醬水溢則 挹置各器 夕乃還注 □須於陽處置瓮曝陽 以手築之布鹽 不□則 恐生虫蛆
又合醬時 須於瓮底置白炭火三四介 眞油一鍾子 注於火上 烟氣滿乎瓮 卽速納末醬 甚妙
又豆泡置瓮底 又合醬時 烹太一斗 鹽五升 水一盆 和納瓮底 以如指木置橋 編茅[3]盖置後 如常法沈造 用時先用其上 後取其太 乾作佐飯
其汁水沸一度 去其上泡 盛器封用 若豆泡炙時 用生細太末 和之合烹用 又或其太置筐取汁後 蒸之取作淸醬 用其太 亦佐飯

메주를 재빨리 씻어놓는다. 메주가 3말이면 소금은 1말이 들고, 메주가 5말이면 소금은 2말로 그 양은 서로 차이가 난다. 메주를 넣되 장 항아리에 다 채우지 말고, 여기에 소금물을 걸러 가득 채운다. 대개 메주가 4말이면 물은 한 동이가 된다. 만약 □□(소금물)이 남으면 나중에 더 넣으면 된다.
(항아리에 담은 메주를) 손으로 다독여 소금을 덮고 밤에는 뚜껑을 덮어둔다. 장물이 넘치면 다른 그릇에 떠놓았다가 저녁에 다시 붓는다. 장 항아리는 반드시 햇볕이 잘 드는 곳에 두어야 한다. 손으로 눌러 소금을 덮어주지 않으면 구더기가 생긴다.
장을 담글 때는 항아리 바닥에 활활 타는 숯불 3~4개를 놓고, 불 위에 참기름 한 종지를 쏟아 항아리 속에 연기가 가득 찰 때 메주를 넣으면 아주 좋다.
또 두부를 항아리 바닥에 넣어도 되고 삶은 콩 1말을 소금 5되, 물 1동이와 섞어 항아리 바닥에 놓은 다음, 손가락 굵기의 막대를 걸치고 위에 띠풀을 덮은 후 보통대로 장을 담근다. 쓸 때는 위의 것(메주로 담근 장)을 먼저 쓰고, 나중에 밑의 콩을 꺼내 말려 좌반(반찬)을 만든다.

1 盆(분): 동이, 2말 정도의 분량
2 원문에서 지워진 부분은 맥락상 鹽水(염수)로 여겨진다.
3 編茅(편모): 띠풀

장물은 한 번 끓여 거품은 걷어내고 그릇에 담아 쓰며, 두부구이를 만들 때 고운 생콩가루를 합하여 끓여 쓰면 된다. 콩을 광주리에 담아 즙을 내리고 콩을 찌면, 즙은 청장이 되고 콩은 좌반이 된다.

卯醬 · 난장

泡滓[1]常畜 曝乾 更作末 淘沙 更待乾 納瓮底 合醬則最好

평상시에 모아두었던 비지를 바싹 말려 다시 가루를 만든다. 씻어 일어 다시 마르기를 기다린 후 항아리 바닥에 넣는다. 장을 담그면 (맛이) 아주 좋다.

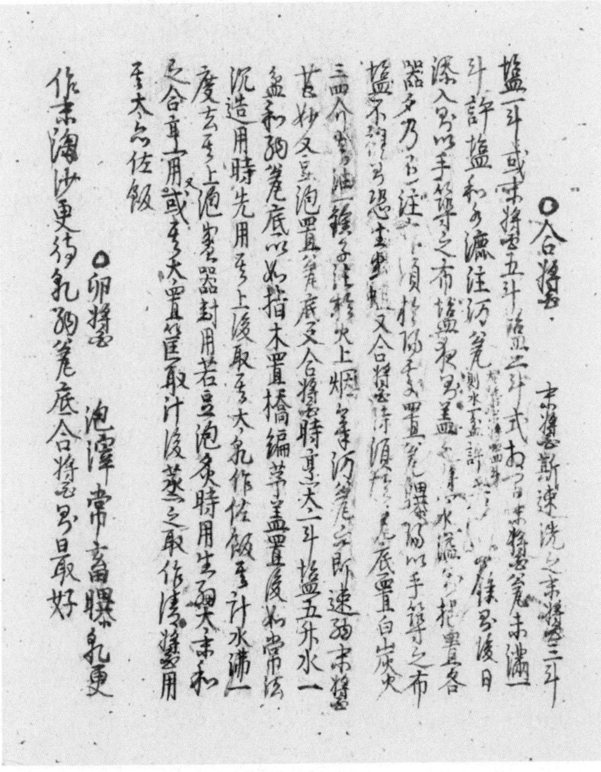

1 泡滓(포재): 비지

淸醬 · 청장

太一斗洗正沈水 如生太許 以只火二斗砧擣 熟蒸歇氣 待微溫 以生蓬鋪床上 又楮葉[1]安於 其上 厚可一寸[2]許 又鋪楮葉亦覆生蓬 待一七日洒[3]
細末一斗水五鉢鹽四升 烈合盛熟 油紙裹口裹橡葉[4] 以磁器覆盖 以泥厚塗 牛馬糞作坎[5] 埋如全鼓搽
二七日後出洒之 去滓瀉於釜中 以木刺以水限著標後 水滿酌煎至其標 用時以水加減 用之

콩 1말을 깨끗이 씻어 물에 담가 생콩 정도가 되도록 불린다. 불린 콩을 밀기울 2말과 섞어 찧은 다음 푹 쪄서 미지근할 때까지 식힌다.
생쑥을 상판에 깔고 닥나무 잎을 얹어 그 위에 찐 콩을 3cm 두께로 놓은 후, 다시 닥나무 잎을 펴고 생쑥을 덮는다. 7일 뒤 햇빛에 쬐어 말린다. (가루를 낸다.)
고운 가루 1말에 물 5사발, 소금 4되를 잘 섞어 항아리에 담아 익힌다. 기름종이로 덮고 상수리 나뭇잎으로 싸 사기그릇으로 뚜껑을 덮고 진흙을 두껍게 바른다. 소똥이나 말똥으로 구덩이를 만들어 전시하는 것처럼 묻는다.
14일 뒤 꺼내 물을 주고 건더기를 걸러 가마솥에 쏟는다. 나무 막대를 꽂아 물이 있는 높이를 표시하고, 솥에 물을 가득 부어 표시가 있는 데까지 달인다. 쓸 때는 물을 가감하여 쓰면 된다.

1 楮葉(저엽): 닥나무잎
2 寸(촌): 치. 1치는 3.03cm
3 원문에는 '洒(씻다)'로 나오지만 문맥상 '晒(말리다)'로 생각된다.
4 橡葉(상엽): 상수리나무 잎
5 坎(감): 구덩이

口法醬　太豆一斗洗正沉水浸生矣許以乃炊二斗
砧擣熟炒蒸歇火待微溫以生蓬鋪床上又楮
葉亦安於其上厚可一寸許又鋪楮葉亦而復生蓬
待之七日晒細末一斗水五鉢鹽四升烈火合煮熟以瓮盛油紙
果衣口果衣於瓮葉亦以磁器而復蓋以泥石子塗土半尺為其異
作坎埋如金鼓樣二七日後出晒之玄淨瀉於釜中以木
剌以水限著標后水沕酌出至其標用時以水加減
用之

○香豉法　七月下旬白大豆去虫損
者不實者洗淨以甑熟蒸折見豆大內孫赤爲限出
歇待冷雜草莖蓋草上排石皮上排黃蒿之上楮葉
上列蒸太一寸許厚草覆之經三日展見之草上盡諸黃
莖之熟爲去除其草待八九日后楮皮大交香卷白皮量
果於右件草上薰之待七日后依其冷出陽乾以箕簸歇淨
雜穢莖淨以斗量每太一斗鹽四合麴末三合以水混漉水
和搗大浸良久熟莖熟爲花器又埋於其米糞莖覆草覆
之熟爲七日源爲八九日

專豉法 · 전시법 1

當七月下旬 白太鉢去虫損者不實者 洗淨 以甑熟 折見蒸太內紅赤爲限 出歇待冷
雜草甚盖 草上排石皮 上排黃蓬 蓬上楮葉 上列蒸太一寸許厚覆之
經三日后 見之草上露潤氣甚甚熟則 去除其草 待八九日後 楮與太交專卷石皮 置裹右絆草上薰之
待二七日后 体氣冷 出陽乾 以箕簸[1]其雜穢甚淨
以斗量薰太一斗鹽四合麯末二合 以水浥洒如新摘太浸良久
盛甚熟瓮器 又埋於馬糞 甚厚覆之 熱則七日 凉則八九日

7월 하순이 되면 벌레 먹고 상하거나 좋지 않은 흰콩을 골라내어 깨끗이 씻는다. 이것을 푹 찌는데, 쪼개보아 찐 콩의 속까지 붉은 기가 보일 정도로 찐 다음 꺼내어 차게 식힌다.
(식힌 콩을)잡초로 잘 덮는데 풀 위에 섬피를 펼치고 그 위에 누런 쑥을 얹은 다음 쑥 위에 닥나무 잎을 놓는다. 그 위에 찐 콩을 3cm 정도로 늘어놓고 두껍게 덮는다.
3일이 지나 풀 위에 이슬이 촉촉이 맺히면 아주 잘 뜬 것이니 풀을 거둬낸다. 8~9일 후에 닥나무 잎과 콩을 번갈아 놓고 섬피를 둘둘 만 후 앞의 풀 위에 놓아 띄운다.
14일이 지나 띄운 콩이 차가워지면 꺼내 볕에 말리고, 키질을 하여 잡티를 없앤다.
띄운 콩이 1말일 때 소금 4홉과 누룩 2홉을 합하여 물에 적시면 마치 새로 딴 콩으로 (장을) 담근 것처럼 좋다.
옹기에 담아 띄울 때 마분에 깊이 묻고 두껍게 덮는다. 더울 때는 7일, 서늘할 때는 8~9일이 걸린다.

1 箕簸(기파): 키질하다

○合豉　七月望後八月望前太一斗少任意

淘洗勿說閒煮爛熟一日夜乃既還縮作如生太
時爲度蒸之席布暫去溫氣作架如雉地高下布
白皮次布生艾二寸許次布太一重無豆楮葉厚布半寸
許次布蒸太太許若太多則又布千重無楮葉一寸
許又布蒸太太半寸許如是乃盖布千重無楮葉
生艾並厚如初布採盖苫二三件以蒿索結之待其
三七日出曝露後二三七日雨則覆之待其白色無臭然後太
一斗則暫洗去塵鹽七合好麴二合和納瓮水則如粥
注之用油紙及厚紙堅封盖器塗泥乃氣出處中
布生芋置缸又盖生芋厚埋暖時經七日寒時則二七
日或三七日隨宜出乳用或置槽合搗作片乳用作片
時乳薑胡椒中細末少許和之甚好沉造時生茄
苽童子爻爻瓜置缸底亦可其汁水暫沸去泡財
器用爲泡炙汁亦可

七月望後 八月望前 太多少任意 急淘洗 勿致閏[1] 盛甑 熟一日夜 色旣[閏]還縮体如生太時爲度蒸之
薄布暫去溫氣 作架[2]離地高 下布石皮 次布生艾二寸許 次布千金葉楮葉間 布半寸許 次布蒸太許若太多 則又布千金葉楮葉一寸許 又布蒸太半寸許如是如是而盖 布千金葉楮葉生艾並厚如初布樣 盖苫二三件 以蒿索[3]結之
待二七日 三七日 出曝露二三七日 雨則藏之
待色白無臭 然後太一斗則暫洗去塵 鹽七合好麯二合 和納瓮水則如粥注之
用油紙及厚紙堅封 盖器塗泥氣盛馬糞中 布生草置缸 又盖生草厚埋
暖時經七日 寒時則二七日 或三七日 隨宜出 乾用 或置槽 合搗作片 乾用 作片時 乾薑椒椒中細末少許和之 甚妙
沈造時 生茄苽童子冬瓜 置缸底亦可
其汁水暫沸 去泡貯器 用爲泡炙汁亦可

7월 보름에서 8월 보름 전에 콩을 되는 대로 재빨리 일어 씻어 붇지 않도록 시루에 담아 하룻밤을 둔다. 콩 색이 본래대로 되고 몸체도 생콩 같아지면 찐다.
(찐 콩을) 얇게 펴 잠시 온기가 가시면 땅에서 띄워 시렁을 달고 (시렁) 바닥에 섬피를 깐다. 다음으로 생쑥을 6cm 두께로 펴고 그 위에 천금목 잎(붉나무)과 닥나무 잎을 번갈아 1.5cm 두께로 편 후 찐 콩을 약간 많게 놓는다. 다시 천금목 잎, 닥나무 잎을 3cm 두께로 덮고 찐 콩을 1.5cm로 편 후 같은 방법으로 덮는다. 천금목 잎, 닥나무 잎, 생쑥을 처음과 같이 차례대로 두껍게 덮는다. 거적을 2~3벌 덮고 새끼줄로 묶어 둔다.
14~21일이 지나면 꺼내어 볕에 말리고 이슬을 맞혀 14~21일을 둔다. 비가 오면 들여놓는다.
색이 희고 냄새가 나지 않으면 콩 1말을 얼른 씻어 티를 없앤다. 소금 7홉, 좋은 누룩 2홉을 섞어 항아리에 넣고 물은 죽

1 원문에는 '閏'로 써 있지만 '潤(윤: 적시다, 물기)'으로 볼 수 있다.
2 架(가): 시렁(긴 나무를 가로질러 선반처럼 만든 것)
3 索(삭): 새끼줄

상태가 될 만큼 붓는다.
유지와 두꺼운 종이로 단단히 봉하고, 그릇 뚜껑을 덮고 진흙을 발라 새 마분 중에 생풀을 깔고 항아리를 놓는다. 다시 생풀을 두껍게 덮는다.
따뜻할 때는 7일, 추울 때는 14~21일 뒤 꺼내 말려 쓴다. 절구통에 넣고 찧어 편을 만들어 말려두고 쓸 수도 있다. 편을 만들 때는 마른 생강, 후추를 곱게 가루를 내어 조금 섞어 쓰면 매우 좋다.
이것으로 (즙저를) 담그려면 생가지, 애오이, 동아를 항아리 밑에 놓고 만들면 된다.
그 즙을 잠시 끓여 거품을 없애고 그릇에 담아두었다가 두부적을 부칠 때 쓸 수 있다.

香豉 · 향시

當六月七月上旬 好太多少任意 洗正 全皮有皺盛甑 熟蒸終日 太色黃而暫黑則出 待冷
機械[1]高二三尺許 其上列生雜草 積置厚五寸 量其上 又以石皮布之 同太乙一厚寸式 以列布其上 同木葉等乙盖覆 其上雜厚草覆五六日 開見太色黃而生毛 陽乾槽器[2]中淨揀擇摇塵
若豆一斗麯末五升鹽二升水一斗熟油三合椒一合和之 盛於不津瓮瓶中 椒葉及桑覆之 塗泥密封 埋於馬糞中三七日 熟卽漉出 取汁微煎貯之 其滓曝乾用爲妙
凡造豉 必以月初 不可踰月 則卽豉味苦

6~7월 초순이 되면 잘 여문 콩을 깨끗이 씻어 쭈글쭈글하게 껍질이 있는 채로 시루에 담아 하루 종일 찐다. 콩 색이 누렇다가 점점 짙어지면 꺼내 식힌다.
60~90cm 정도 되는 틀에 생풀을 15cm 정도 깔고 그 위에 섬피를 펼친 후 찐 콩을 3cm 두께로 늘어놓아 위를 덮는다. 같은 방법으로 나뭇잎 등으로 덮고, 그 위에 잡풀을 두껍게 덮어 5~6일을 둔다. 열어보아 콩 색이 노랗고 털이 생기면

1 機械(기계)는 나무틀로 생각된다.
2 槽器(조기): 나무통

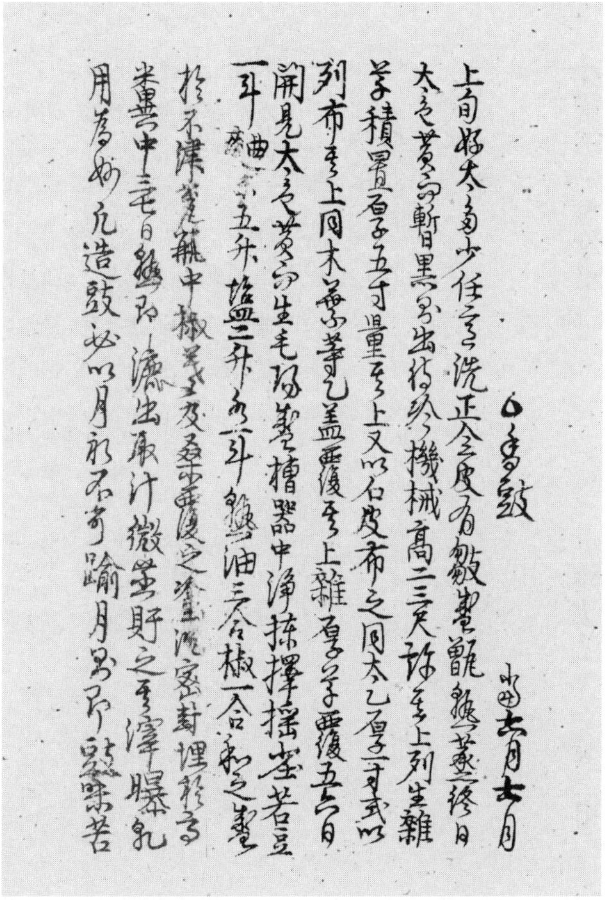

볕에 말려 나무통 안의 콩을 깨끗하게 가려내고 흔들어 티를 골라낸다.

콩 1말에 누룩 5되, 소금 2되, 물 1말, 끓인 기름 3홉, 산초 1홉을 합하여 물기 없는 항아리에 담는다. 산초잎이나 뽕잎으로 덮은 뒤 진흙을 발라 밀봉하고, 마분 속에 묻어 21일을 숙성시킨 다음 바로 걸러 즙을 받아 뭉근히 달여 저장한다. 건지는 볕에 바짝 말려두었다가 쓰면 매우 좋다.

시(豉)는 반드시 월 초에 쑤어야 하며 그달을 넘기면 시가 매우 쓰다.

沈醬法 · 침장법

末醬五斗 鹽二斗 末醬四斗 水一盆
末醬 暫速洗之 納瓮 白炭火三四介 置瓮底 眞油一鍾子 注於火上沈之

메주 5말과 소금 2말, 또는 메주 4말과 (소금 ○○) 물 1동이(로 만든다.) 메주를 재빠르게 씻어 항아리에 넣고 백탄화(숯불) 3~4개를 항아리 바닥에 넣는다.
참기름 1종지를 숯불 위에 붓고 담근다.

水醬沈法 · 수장침법

末醬五斗 鹽三斗 水三盆 味甘極好

메주 5말, 소금 3말, 물 3동이. 맛이 달고 매우 좋다.

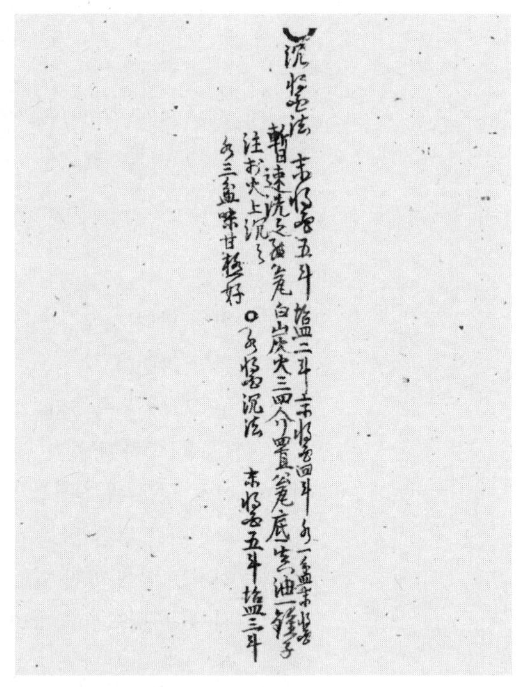
沈醬法 末醬五斗 鹽二斗 末醬四斗 水一盆 末醬
暫速洗之 納瓮 白炭火三四介 置瓮底 眞油一鍾子
注於火上沈之 ○水醬沈法 末醬五斗 鹽三斗
水三盆 味甘極好

汁葅 · 즙저

當七月 太一斗 浸水一二日拯[1]出 麯三斗 合舂 開[2]塊 熟蒸作架 苫三四件 次布蓬艾 次布千金葉楮葉 乃布蒸太麯 厚半寸 盖以楮葉千金葉蓬艾 盖苫三四件 待七日 生毛不足 則更待後日 出曝乾 作麄[3]末 鹽一升 和水如厚粥 缸內 先納末水 次茄瓜 次末水如是 如是滿缸盛之 用油紙及厚紙 堅封盖盆塗泥 氣盛馬糞中 布蓬艾置缸 又盖蓬艾厚埋 隋時寒暖 或七日 或二七日或三七日後 出用 若氣盛馬糞中 過久不出 則雖黑味苦 須量宜

7월이 되면 콩 1말을 1~2일 동안 물에 담갔다 건져낸다. 불린 콩에 누룩 3말을 섞어 절구에 찧어 납작한 덩어리를 만든다. 푹 쪄서 시렁에 거적 3~4벌을 깔고, 그 위에 쑥을 깔고

1 拯(증): 건지다
2 開(견): 평평하다, 열다(개)
3 麄(추): 거칠다, 굵다

붉나무 잎과 닥나무 잎을 차례로 깐다. 여기에 찐 콩 누룩을 1.5cm 두께로 깐다. 닥나무 잎과 붉나무 잎, 쑥으로 덮고 거적 3~4벌을 덮어둔다.
7일이 지나면 털이 나오는데 그 털이 부족하면 다시 다음 날까지 기다렸다가 꺼내 햇볕에 말린다. 거칠게 가루를 내어 소금 1되를 물에 섞어 된 죽처럼 만든다. 항아리 속에 먼저 반죽을 넣고 다음으로 가지와 오이를 넣는다. 다시 반죽을 넣고 가지, 오이 넣는 것을 여러 번 반복하여 항아리 속에 가득 담는다. 기름종이와 두꺼운 종이로 단단히 봉하고 뚜껑을 덮은 뒤 진흙을 바른다. 방금 싼 말똥 속에 쑥을 깔고 항아리를 놓은 다음 다시 쑥을 덮어 깊이 묻는다.
차거나 더운 때에 따라서 7일, 혹은 14~21일 후에 꺼내 쓴다. 항아리를 성한 말똥 속에 넣는다고 해도 만약 오래 두고 꺼내지 않으면 (즙저의) 색이 검고 맛이 써지니, 반드시 알맞은 (조리법을) 잘 헤아려야 한다.

茄汁葅法 · 가즙저법 가지즙장법 1

六七月太一斗 碾磨沈水 三日拯出 其火二斗交合 熟蒸 熟擣作餠 如小兒拳 架子上鋪石皮[1] 又布紅木楮葉 右餠列置 右覆紅木葉楮葉 此樣三四件盡布後 又蓋石皮 二七日生黃毛 曝乾細末 末一斗 鹽五合 茄子一束海 交沈入缸 油紙封口 以器覆埋新馬糞 經二七日 [其火○○○亦可]

6~7월에 콩 1말을 맷돌에 타서 물에 3일 동안 담갔다 건진다. 기화(其火, 밀기울) 2말을 (콩과) 섞어 푹 찐다. (이것을) 찧어 마치 어린아이 주먹만 하게 덩이를 만든다.
시렁 위에 섬피를 깔고 섬피 위에 붉나무 잎과 닥나무 잎을 깐다. 그 위에 덩이를 나란히 놓고 또 붉나무 잎과 닥나무 잎을 덮는다. 서너 차례 반복하여 다 덮은 후 그 위에 또 섬피를 덮고 14일을 둔다. (덩이에서) 노란 털이 나오면 햇볕에 바짝 말려 곱게 가루를 낸다.

1 石皮(석피): 섬피라고도 하며 섬. 곡식 따위를 담기 위하여 짚으로 엮어 만든 얇은 가마니

茄汁菹法

六七月太[illegible]沉水三日拯出乾太二斗交合麴蒸
熟擣作餠如小兒拳架子上鋪白皮又編以禾楮葉
右餠列置又覆以禾葉楮葉此樣三四件布後又盖
白皮二七日生黃衣毛曝乾細末一斗塩五合茄子一束海交
沉入缸油紙封口以器覆埋[illegible]醬[illegible]經二七日乾火或盖食可

汁菹法

太一斗三日浸水漉出乾太三斗和合熟蒸爛擣作末如手毋指
作丸摘楮桑葉交隔覆之以艾且雜以楮葉入置空石在
陽地待乳若未乳十日後出而曝乾擣末調水塩三升茄子
一束海交雜納瓮以油紙及布結裹缸口且以盆盖瓮塗泥
埋諸堂[illegible]等者煮[illegible]經二七日後開用每太一斗乾太三斗塩三升
茄子一束海倒式也汁一斗茄子鍮盆二塩一升或七合如小汁以手
擣入缸 乙丑五月初八日辛丑書

가루 1말에 소금 5홉을 (물과 섞어) 가지 1동이와 섞어 항아리에 넣고 기름종이로 아가리를 봉한다. 그릇으로 덮어 새 말똥 속에 묻어두고 14일이 지나면 쓴다. [기화는 OOOOO 역시 좋다.]

汁葅法 · 즙저법 가지즙장법 2

太一斗 三日浸水漉出 其火三斗和合熟蒸 爛擣作餠[1] 如手毋指作丸 摘楮桑葉 交隔覆之 以艾且雜 以楮葉 入置空石在陽地待乾 若未乾 十日後 出而曝乾 擣末調水 鹽三升 茄子一東海交雜納瓮 以油紙及布結裹缸口 且以盆盖瓮 塗泥埋諸盛氣馬糞 經二七日後開用 每太一斗 其火三斗 鹽三升 茄子一東海式例也 汁一斗 茄子鍮盆二 鹽一升 或七合 如小汁 以手掬入缸

콩 1말을 3일 동안 물에 담갔다가 걸러 내어 기화 3말과 섞어 푹 찐다. 문드러지게 찧어 덩이를 만들어 엄지손가락 크기로 동그랗게 빚는다. 뽕잎과 닥나무 잎을 따서 번갈아 덮고, 또 쑥과 닥나무 잎을 섞어 넣은 빈 가마니 안에 빚은 것을 넣고 양지에 두어 바짝 마르기를 기다린다. 덜 말랐다면 10일 후 꺼내어 햇볕에 바짝 말려 찧어 가루를 낸다.
가루에 물을 알맞게 섞어 소금 3되, 가지 1동이를 섞어 항아리에 넣는다. 기름종이와 베로 항아리의 아가리를 싸서 묶어 봉한다. 동이로 항아리를 덮고 진흙을 발라 기운이 성한 말똥 속에 묻어두었다가 14일이 지난 후 열어 쓴다.
콩 1말이면 기화 3말, 소금 3되, 가지 1동이씩 하는 것이 보통이다. 즙 1말에 가지는 놋동이로 2동이, 소금은 1되 또는 7홉으로 한다. 만일 즙이 적으면 (메줏가루를) 손으로 움켜 항아리에 넣는다.

1 원문에는 '末(가루)'로 쓰였지만 문맥상 餠(덩이)로 여겨진다.

靑魚醬醢 · 청어장해

乾靑魚去鱗翼頭尾 淨洗 曝乾曝晒 末醬細末篩之 缸內布末 布魚如是如是 終以厚布末 鹽水並和合醬例 堅封 秋後開用

말린 청어의 비늘과 지느러미, 꼬리, 머리를 모두 없애고 깨끗이 씻어 볕에 바짝 말린다. 메주는 곱게 가루를 내어 체에 친다. 항아리에 메줏가루를 깔고 생선을 까는 것을 여러 차례 반복하고, 마지막으로 메줏가루를 두껍게 덮는다.
장 담글 때처럼 소금물을 만들어 붓고 단단히 봉한다. 가을이 지나 열어 쓴다.

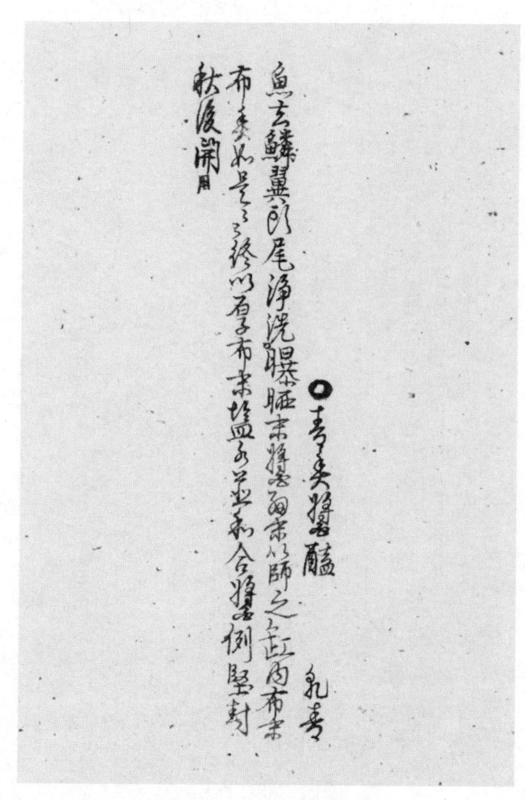
○靑魚醬醢 乾靑魚去鱗翼頭尾淨洗曝乾曝晒末醬細末篩之缸內布末布魚如是如是終以厚布末鹽水並和合醬例堅封秋後開用

김치 — 沈菜

김치류는 저(菹)와 침채(沈菜)로 무, 오이 등을 장과 소금으로 짜게 담가 보관하며 발효가 천천히 되도록 하여 먹는 기본 찬으로 총 11종이 기록되어 있다. 그중 저는 6종으로 오이에 청장을 끓여 붓거나 오래 보관하기 위해 형개 열매와 향유 이삭을 넣거나 술지게미를 넣어 발효를 돕는 법을 소개하였다. 또한 무는 저 형태로 가장 많이 쓰이는 재료로 염나복저, 당청저(唐靑菹), 진청침채, 토읍침채(土邑沈菜)를 소개하였다.

절구 _ 돌이나 나무, 쇠 등을 재료로 하여 만든 우묵한 통 속에 낟알을 넣어 같은 재질의 공이로 무겁게 찧어 가루를 내거나 양념인 깨. 마늘, 생강, 고추를 찧는 데 쓰는 조리용구이다.

○茄子菹　七月

冒茄子摘取洗乾使無水氣滿瓮盛之每一斗白翁根葉二握式交之鹽每茄子一盆四升式和乘熱逐灑注滿瓮虎用虎器蓋之泥塗置溫處至月冬用

○芥菹法　以芥立冬後於缸中至將過一鉢鹽二升五合之者卽直瀉芥缸待一兩日後用之如常菹

茄苽菹 · 가과저 가지오이지

六七月間 茄苽摘取洗乾 使無水氣 滿瓮盛之 水一斗 白頭翁[1]
根莖一握式 煎之
鹽則茄苽一盆四升式 和乘熱 漉注滿瓮 用瓦器盖之 泥塗置凉
處 至冬月用

6~7월 사이에 가지와 오이를 따 씻어 물기 없이 말려 항아리에 가득 채운다. 물 1말에 할미꽃 뿌리와 줄기 한 줌을 넣고 다린다.
가지와 오이 1동이에 소금을 4되씩 넣고 펄펄 끓여 뜨거운 채로 (항아리에) 가득 붓는다. 질그릇으로 덮고 진흙을 발라 시원한 곳에 두었다가 겨울에 쓴다.

苽菹法 · 과저법 오이지법

以苽立盛於缸中 其醬一鉢 鹽二升五合 合煮直瀉缸 待一兩日
后用之 如隔年菹[2]

항아리에 오이를 세워 넣고 장 1사발, 소금 2되 5홉을 합하여 끓여 바로 항아리에 붓는다. 하루나 이틀 뒤에 쓴다. 마치 잘 익은 묵은지와 같다.

1 白頭翁(백두옹): 할미꽃
2 隔年菹(격년저): 잘 익은 상태의 지(漬), 묵은지

苽葅 · 과저 오이지

摘苽洗乾於瓮底 布荊實[1][俗云分知] 香薷[2]穗[俗云去奴] 布苽又布荊實 香薷 如是 如是盛瓮 未滿半斗許
用苫草[3][俗云於朴草[4]] 去葉長一寸切之 水一盆則 鹽三升式和乘極熱 滿漉注之 其滓草滿盛瓮口 以石鎭之 無香薷亦可

오이를 씻어 말려 항아리 바닥에 깔고 형실(속칭 분지), 향유의 이삭(속칭 거노)을 얹은 후 오이를 깐다. 또다시 형실과 향유를 번갈아 항아리에 넣되, 가득 차지 않도록 반 말 정도 비워 넣는다. 점초(속칭 박초)의 잎을 떼고 3cm 길이로 잘라 그 위를 덮는다. 물 1동이에 소금 3되씩을 섞어 펄펄 끓여 뜨거운 채로 가득 붓는다. 남은 풀로 항아리를 가득 채우고 돌로 누른다. 향유는 쓰지 않아도 된다.

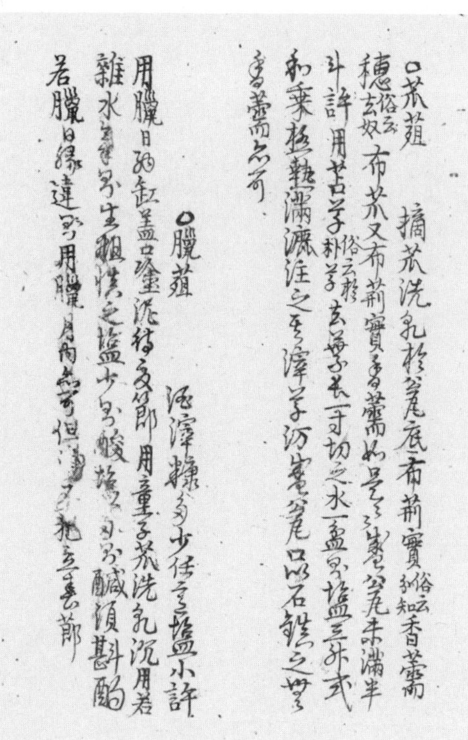

1 荊實(형실): 모형자(牡荊子). 마편초과에 속한 좀모형의 생약 명이며, 열매를 약용한다. 지통에 효능이 있어 기침, 위통 따위를 치료하는 데 쓰인다.
2 香薷(향유): 꿀풀과에 속하는 일년생 초본식물로, 전초를 약용으로 사용하고 있다. 감기, 여름의 복통, 소화불량 등에 쓰이며 약효는 발한해열 작용이 있다.
3 苫草(점초): 거적을 만드는 풀. 속칭 박초(朴草). 김치 표면에 끼는 하얀 골마지(醭)를 방지하기 위하여 허드레 채소 잎이나 나뭇잎을 덮는다.
4 朴草(박초): 박새. 독초의 한 가지로 골마지 방지용으로 사용하는 풀

臘菹 · 납저
술지게미지

酒滓糠多少任意 鹽小許 用臘日納缸 盖口塗泥
待夏節 用童子苽 洗乾沈用 若雜水氣 則生蛆愼之 鹽小則酸 鹽多則醎 須斟酌
若臘日緣違 則用臘月內亦可 但□不犯立春節

술지게미를 되는 대로 쓰고 소금은 조금만 쓴다. 납일에 항아리에 담고 뚜껑을 덮어 진흙을 발라둔다.
여름이 되면 애오이(어린 오이)를 깨끗이 씻어 말려 (만들어둔 술지게미에) 담가 쓴다. 만일 물기가 섞이면 구더기가 생기니 조심해야 한다. 소금이 적으면 시어지고 많으면 짜지니 양을 잘 짐작해야 한다.
만일 납일을 놓쳐도 그 납월 안에 담그면 된다. 단 입춘을 넘기면 안 된다.

鹽蘿葍菹 · 염나복저
무짠지

[俗云唐菁菹]
唐菁根擇端妙者 竹作刀[鐵刀則味苦不可用] 去其根毛與黃損葉 存其好莖與裏葉 淨洗
著鹽至醎 經宿 更洗浸水 經宿 置箔上 去水氣 勿鎭盛瓮 菁一盆則鹽二升半 或三升式 和水 漉注瓮中 纔[1]汶根本爲限 置免凍處
一云 先浸水二日后 乃和鹽經晝夜 更洗 布箔上 水一盆 鹽一升式 余上同
一云 以手去塵葉 著蒿鞋至百踏 洗浸水 一日拯[2]之 根一盆 鹽一升半和納瓮 水則井花水三升 則用泡水[3]一斗 和盈[4]注

[보통 당청저라 한다.]
당무는 뿌리가 곧은 것을 택하여 대나무 칼로 자른다. (쇠칼은 쓴맛이 나니 쓰지 않도록 한다.) 잔뿌리와 털, 누렇게 뜬 잎을 없앤 후 남은 좋은 줄기와 속잎을 깨끗이 씻는다.
소금을 뿌려 하룻밤 절이고, 다시 씻어 물에 하룻밤 담가둔

1 纔(재): 겨우
2 拯(증): 건지다, 들어올린다
3 泡水(포수): 끓인 물
4 盈(영): 가득하다, 채우다

다. 발 위에 널어 물기를 뺀 다음 항아리에 누르지 말고 넣는다. 무가 1동이라면 소금은 2되 반 또는 3되를 물에 타 걸러 무가 잠길 정도까지만 붓는다. 항아리는 얼지 않는 곳에 둔다.

또 한 가지 방법은 먼저 물에 담가 2일 지난 후 소금을 섞어 하루 동안 두었다가 다시 씻어 발 위에 얹는다. 물 1동이에 소금 1되씩을 넣어 위 방법과 같이 만든다.

또 다른 방법은 손으로 묵은 잎을 떼고 (소금을) 묻혀 짚신을 신고 오래 밟은 뒤 씻어 물에 하루 동안 담갔다가 건진다. 무가 1동이라면 소금은 1되 반을 섞어 항아리에 담고 물은 정화수 3되로 하는데, 쓸 때는 끓인 물 1말을 섞어 붓는다.

眞菁沈菜 · 진청침채

참무김치 1

[俗云 捫之沈菜]

眞菁 二三經霜後採取 去不用莖及葉 暫削淨洗 更以刀正削大根則 或三四片半剖之 更洗去水

或槽或瓮 薄布散鹽如霜 又布菁 又散鹽如是 如是經宿 更洗鹽氣 置箔上 去水氣 勿鎭納瓮

菁一盆 鹽一升 或和水 漉注滿瓮

[보통 문지침채라 한다.]

참무는 서리가 두세 번 내린 후 채취하여 쓸 수 없는 줄기와 잎은 떼어내고 살짝 깎아 깨끗이 씻는다. 다시 칼로 반듯하게 깎은 큰 무를 3~4쪽으로 잘라 반으로 가른 다음 다시 씻어 물기를 없앤다.

나무통이나 항아리에 담고 소금을 서리 내린 것처럼 얇게 뿌린다. 무를 펴고 소금을 여러 차례 반복해 뿌려 밤새 재운다. 다시 소금기를 씻어내고 발 위에 널어 물기를 뺀 후 항아리에 누르지 않고 담는다.

무 1동이에 소금 1되를 물에 타 걸러서 항아리에 가득 붓는다.

○塩蕪菁菹 俗云唐菁菹

唐菁〻根撰端妙者竹作刀

鈍刀損味
苦不可用 去菁根毛及莖損葉存菁好葉及重衣葉淨洗

著塩並醎經宿更洗浸於經宿置於箔上去水乾勿

錯於桶〻葉一盃於塩二升半或三升或和於濾注桶

中繞〻後根本為根置先流出於一二先遂於一日右乃和

塩經晝夜更洗布於箔上水一盃塩二升式余上圓一云以手

去塩葉著蒿鞋而百踏洗浸於一日極之根一盃塩一

升半和於桶水於井和於三升於用浥於一斗和攪注

○生薑沉菜 俗云搨之沉菜

生薑〻三經霜後採取

去不用葉及葉斷目削淨洗更以刀正削大根於或

三四片半割之更洗去水或桶或桶〻布散塩如

雪又布薑又散塩如是〻經宿更洗塩乾置於箔

上去水乾勿錯於桶薑一盃塩塩二升或和於濾注汲

於桶

眞菁根沈菜 · 진청근침채 참무김치 2

[俗云 土邑沈菜]
當二月間 眞菁根削去皮 剖作三四片 洗淨 置箔上 去水氣 向乾則
別以水和鹽 但甘而沸湯 待冷 菁一盆 水三盆式 盛瓮 置凉處
又於正月二月中 眞菁根洗淨 削去皮 大則剖作七八片 小則五六片 沈水三日 數改水 漉出淨水
或淡米泔水 熟待冷 暫有鹽氣 幷納缸 置溫突 厚裹 待熟用之

[보통 토읍침채라 한다.]
2월 중에 참무 껍질을 벗겨 3~4쪽으로 쪼갠 뒤 깨끗이 씻는다. 발 위에 얹어 물기를 빼 말린다.
따로 물에 소금을 타는데, 물은 단물이어야 하고 펄펄 끓여 식힌다. 무 1동이에 물 3동이씩 하여 항아리에 붓고 서늘한 곳에 둔다.
또는 정월이나 2월 중에 참무를 깨끗이 씻어 껍질을 벗기고 큰 것은 7~8쪽, 작은 것은 5~6쪽으로 쪼개어 물에 3일간 담가 여러 차례 물을 갈아주면서 맑은 물이 나오도록 한다.
혹은 끓인 쌀뜨물을 차게 식혀 소금을 싱겁게 타서 (무와) 같이 항아리에 넣고 따뜻한 온돌에 두껍게 싸두었다가 익으면 쓴다.

羅薄沈菜 · 나박침채 나박김치

眞菁根淨洗削去皮 復勿更洗 薄切 又勿更洗 沈造

참무를 깨끗이 씻어 껍질을 벗긴 뒤 다시 씻지 않은 채 얇게 썬다. 씻지 말고 담근다.

芋沈菜 · 우침채
토란대김치

[俗云 毛飛邑沈菜]

霜前刈取 淨洗 剉之 隨剉[1]納瓮 勿令犯風氣

畢剉後 每一斗 鹽一合式 和盛器 又勿犯風氣 盖置 隔一日或一夜 速握去水 以手堅築盛瓮 勿注水

[보통 모비읍침채라 한다.]

서리가 오기 전에 베어 깨끗이 씻어 꺾는다. 꺾는 대로 즉시 항아리에 넣고 바람이 들지 않도록 해야 한다.

꺾어 넣은 (토란대) 1말에 소금을 1홉씩 섞어 항아리에 담고 바람이 들지 않게 뚜껑을 덮어둔다. 한낮이나 한밤이 지나면 빨리 물기를 쥐어짠다. 손으로 단단히 누르면서 항아리에 담고 물은 붓지 않는다.

1 剉(좌): 꺾다

○芥胃菜

冬瓜切指大作方長一寸式以笊匡裹之納於沸熱水中即出之若一盆則以生油五合同熱之和於濃芥汁沉造或蔓菁莖長寸許切之則於熱水暫熱并沉亦可

○造菹法 中靑太不以多少烹缸器淸醬熱煎瀉之堅者二兩日用

芥肙菜 · 개위채
동아겨자김치

冬瓜切指大体 方長一寸式 以筐[1]盛之 納於沸熱水中 卽出之
若一盆則 別以眞油五合同熟之 和於濃芥汁 沈造
或菁莖長寸許 切之 別於乍納熱水 暫熟 幷沈亦可

동아는 손가락 두께로 크게 자르고, 사방 3cm 길이로 썰어 광주리에 담아 펄펄 끓는 물에 넣었다가 바로 꺼낸다.
만일 동아가 1동이라면 따로 참기름 5홉을 끓인 후 진한 겨자즙에 섞어 담근다.
무청이 있으면 3cm 길이로 잘라 끓는 물에 넣어 살짝 데쳐 같이 담가도 된다.

造菹法 · 조저법
오이간장절임

小青苽不以多小盛缸器 淸醬熟熱瀉之 堅封二兩日[2]用

작은 오이는 분량이 많고 적음에 상관없이 작은 항아리에 담는다. 청장을 끓여 뜨거운 상태로 항아리에 붓고 단단히 봉하여 4일이 지나 쓴다.

1 筐(광): 광주리
2 二兩日: 4일

초 — 醋

식초는 음식 맛을 내는 데 기본적인 양념의 하나로 집집마다 밀이나 보리로 발효균을 만들어 썼다. 초류 제조법은 총 13종이 기록되어 있는데 먼저 고리 제조법인 밀을 불려 푹 쪄서 노란털이 나게 하는 황의법조가 먼저 기록되어 있다. 초 제조법은 12종으로 황의진초, 보리를 띄워 만드는 모초, 대맥초법과 계절에 날을 보아 담그는 사절초, 병정초, 파의초, 무시파의초, 창포초, 고시초가 기록되어 있다.

체 _ 소나무로 둥글게 테를 만들고 밑에 쇠나 삼베, 비단, 말총, 가는 철사로 바닥을 튼튼하게 만든다. 굵은 입자의 쌀가루나 지저분한 건더기를 걸러 국물을 받기 위해 쓰는 조리도구이다. 체의 가는 올이 굵게 촘촘히 만들어진 모양에 따라 쳇불을 만들어 겹체, 중체. 어레미라 부른다.

○黃衣醋（黃衣 俗云高乙伊） 七月七日無粗造一斗極沈浸不減缸置陽處未明時或正午飯稍歇寒氣浸乘毋令黃衣與麴被浸失性斟酌三分之黃衣二升好麴二升和合爲二分之飯一分先納缸後布黃衣麴末又布飯又布黃衣麴末終以飯鋪布并包於七銖縷注不使飯動注之時切忌照影用布蓋缸口後蓋新綿子後蓋盆子紙用生麻左索堅封蓋器以繩之切忌孕婦喪月經女近之若犯近之則雖蓋之醋即變爲不用

黃衣眞醋 · 황의진초

[俗云高乙伊]

七月七日 無粗租[1]一斗 極沈熟不洩[2]缸 置陽處 未明時 或當午飯稍歇 盛熟乘 勿令黃衣[3]與麯被熟失性 斟酌三分之 黃衣二升 好麯二升 和合亦二分之 飯一分 先納缸 次布黃衣麯末 又布飯 又布黃衣麯末 終以飯鎭布 井花水七鉢 徐注 不使飯動 注水時 切忌臨影 用布盖缸口 次盖新綿子 次盖厚紙 用生麻左索堅封 盖器以蓬 切忌孕婦喪月經女近之 若犯近之 則雖至盖之 醋卽變爲不用

[보통 고리라고 한다.]

7월 7일에 벼 껍질이 없는 쌀 1말을 물에 담가 삭혀 새지 않는 항아리에 담아 양지에 둔다. 해가 뜨기 전, 또는 정오에 밥을 지어 한 김 나가면 더운 채로 둔다. 황의나 누룩이 본성을 잃지 않게 하여야 한다. (따뜻한 밥을) 짐작하여 3등분하고 황의 2되와 좋은 누룩 2되를 고루 섞어 반으로 나눈다. 밥의 1등분을 먼저 항아리에 넣고 황의와 누룩을 섞은 가루를 넣은 후, 다시 밥을 깔고 황의누룩가루로 덮는다. 마지막으로 밥을 넣고 누르면서 편다.

정화수 7사발을 밥알이 움직이지 않도록 하여 천천히 붓는다. 물을 부을 때는 절대 빛이 들지 않게 하며, 천으로 항아리의 아가리를 덮은 다음 새 솜을 덮고, 두꺼운 종이로 덮는다. 왼쪽으로 꼰 생마 줄로 단단히 묶고 뚜껑은 쑥으로 한다. 임부나 상중인 부인, 달걸이를 하는 여인은 가까이 가면 안 된다. 만약 가까이하면 비록 잘 덮었다 할지라도 초가 바로 변하여 쓸 수 없다.

1 粗租(조조): 거친 벼

2 洩(설): (김이) 새다

3 黃衣(황의): 누런 빛깔의 옷. 보리를 껍질째 씻어 말린 뒤 갈아 보리뜨물에 반죽하여 닥나무 잎에 꼭 싸서 바람받이에 달아두어 만든 누룩. 보리누룩

○黃衣法造　生麥淨洗沉水一宿極闌熟蒸之麻葉或雜生艾及蒼耳葉布之麥又覆艾葉或蒼耳葉蓋以苫之七日後生黃毛易曝晒用

○麥醋　七月初

百年米一斗極舂玄米者極洗翌日又洗如此每日一洗浸置至七日又洗熟蒸之待冷不使臨影納缸用青布油紙白子紙生麻左索堅封待月十五日粗米若干至濃作粥玄淳一盆待極冷又不臨影注之缸如前還封中秋後開用

黃衣法造 · 황의법조 황의 만드는 법

眞麥淨洗 沈水 令極閏 熟蒸 麻葉相雜眞艾厚布 布麥 又覆艾葉 厚盖以苫 七日后 生黃毛則曝晒用

보리를 깨끗이 씻어 물에 흠뻑 불려 푹 찐다. 마 잎과 참쑥을 번갈아 두껍게 펴고 찐 보리를 편 후 다시 쑥을 덮고, 거적으로 두껍게 덮어둔다. 7일이 지나 누런 털이 생기면 볕에 바짝 말려 쓴다.

麰醋 · 모초 보리초

七月初一日 牟米[1]一斗 極舂 去碎米者 極洗 翌日又洗如此 每日一洗浸置 至七日 又洗熟蒸 待冷 不使臨影[2] 納缸 用青布[3] 油紙厚紙生麻左索堅封 待月十五日 租米若干 至淡作粥 去滓一盆 待極冷 又不臨影 注其缸 如前還封中 然後開用

7월 초하루에 보리쌀 1말을 절구에 찧어 부서진 보리쌀은 없애고 깨끗이 씻는다. 다음 날과 그다음 날 매일 한 번씩 씻어 물에 담가둔다. 7일이 지나 또 씻어 푹 쪄낸 후 차게 식힌다. 빛이 들지 않도록 항아리에 담고 푸른 보자기와 유지, 두꺼운 종이로 덮는다. 왼쪽으로 꼰 생마 끈으로 단단히 묶어 한 달 반을 기다린다.
약간의 거친 쌀로 죽을 묽게 쑤고 찌꺼기를 걸러 만든 죽 1동이를 차게 식힌다. 다시 빛이 들지 않게 하여 항아리에 붓는다. 앞의 과정과 같이 봉하여 초가 잘된 후 열어 쓴다.

1 牟米(모미): 보리쌀
2 臨影(임영): 그림자. 햇볕, 햇살, 빛 등을 대하거나 비추다.
3 青布(청포): 푸른 보자기

大麥醋法 · 대맥초법 1

보리쌀초

又大麥醋法 大麥米一斗 洗淨沈水 經五日 更洗蒸 得冷盛缸 經五日 毛生 湯水六鉢 待冷合瓮 以綿子封口 經三七日 清則用之

보리쌀 1말을 씻어 물에 담갔다가 5일 후 다시 씻어 쪄 식힌다. 항아리에 넣고 5일이 지나 털이 생기면 끓인 물 6사발을 식혀 함께 항아리에 넣고 솜으로 입구를 봉한 후 21일이 지나 맑아지면 쓴다.

大麥醋 又法 · 대맥초 우법 2

대맥초의 또 다른 법

又法 每年六月晦日 以大麥米一斗 洗淨沈水 七月初三日早朝

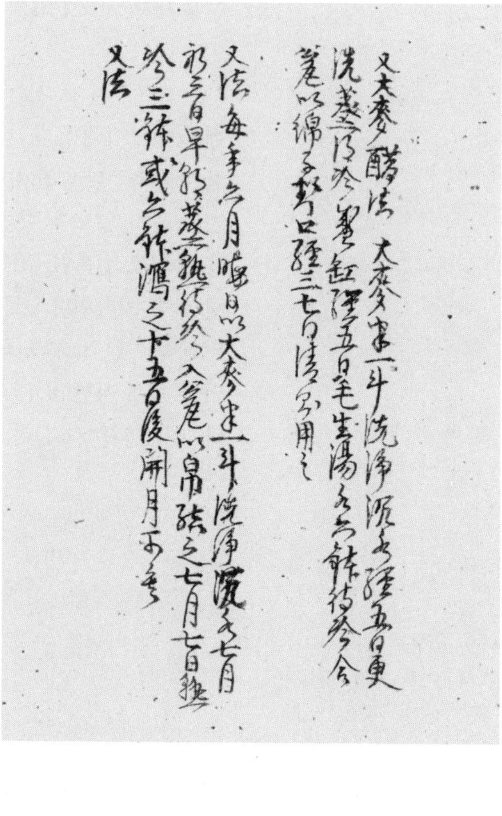

又大麥醋法 大麥米一斗洗淨沈水經五日更
洗蒸得冷盛缸經五日毛生湯水六鉢待冷合
瓮以綿子封口經三七日清則用之
又法 每年六月晦日以大麥米一斗洗淨沈水七月
初三日早朝蒸熟待冷入瓮以帛封之七月七日熟
冷三鉢或六鉢瀉之十五日後開用
又法

蒸熟 待冷入瓮 以帛結之 七月七日熟冷三鉢 或六鉢瀉之 十五日後 開用可矣

매년 6월 그믐날 보리 1말을 씻어 물에 담갔다가 7월 초인 3일 이른 아침에 푹 쪄 식으면 항아리에 넣고 비단으로 묶어 둔다. 7월 7일에 끓여 식힌 물 3사발 혹은 6사발을 붓고 15일이 지나 열어 쓴다.

四節酢 · 사절초 1

사계절 쓰는 초

丙日汲井花水七鉢 麯末五合 交入缸中 丁日曉頭 米一斗 熟擧甑覆缸 經七日後 眞麥一升 焳[1]黃黑 細末入缸 經二七日後用之

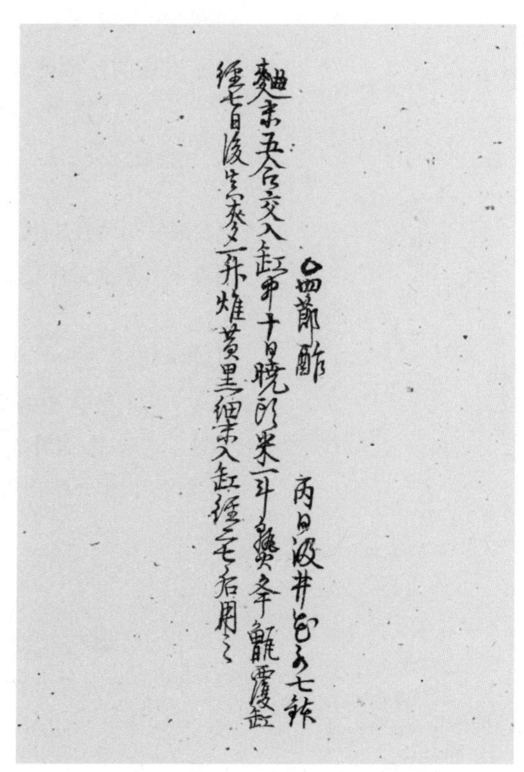

四節酢

丙日汲井花水七鉢

麯末五合交入缸中丁日曉頭米一斗熟擧甑覆缸

經七日後眞麥一升焳黃黑細末入缸經二七日後用之

1 焳: 문맥상 焦(그슬릴 초)로 볼 수 있다.

병일에 길어온 정화수 7사발과 누룩 5홉을 섞어 항아리에 넣는다. 정일(다음 날) 새벽에 쌀 1말을 쪄서 시루째 들어 항아리에 쏟고, 7일이 지난 후 밀 1되를 흑황색이 될 때까지 볶아 가루를 내 항아리에 넣는다. 14일이 지나 꺼내 쓴다.

四節酢法 · 사절초법 2
사계절 쓰는 초

丙日井花水七鉢 好麴末五合 交入瓮 丁日曉中米一斗 熟蒸擧甑 覆瓮經七日 眞麥一升 焦黃焦色細末入瓮 經二七日出用好
凡洗米丙日甚可

병일에 정화수 7사발과 좋은 누룩가루 5홉을 섞어 항아리에 넣고, 정일 새벽에 쌀 1말을 푹 쪄 시루째 들어 항아리에 쏟는다. 7일이 지나 밀 1되를 누렇게 될 때까지 볶아 가루를 내어 항아리에 넣고, 14일이 지나 꺼내 쓴다.
모든 쌀을 씻는 것은 병일에 하는 것이 좋다.

無時巴衣酢 · 무시파의초
때가 없이 쓰는 파의초

巴衣米[1]一斗 經三日後 熟蒸 無水缸內置入 七日 飯有黃毛 無則 午前井華水三鉢入瓮 堅封 三七日後 用之甚可

파의미 1말을 3일이 지난 후 푹 쪄서 물기 없이 항아리 속에 넣고 7일을 두면 밥에 노란 털이 생긴다. 만약 생기지 않았다면 오전에 뜬 정화수 3사발을 항아리에 부어 단단히 봉한다. 21일이 지나 쓰면 매우 좋다.

1 巴衣米(파의미): 겉껍질을 벗긴 쌀로 여겨진다.

○四節酒法 丙日井花水七鉢好麴末五合交入瓮
丁日曉頭米一斗熟蒸一晝夜冷後入瓮經七日春麥
一升熬黃焦色細末入瓮經三七日出用 白洗米丙日造而

○無時巴衣酒 巴衣米一斗經三日後熟蒸無水
缸內置入七日飯有黃毛無異之時井花水三鉢入瓮
堅封三七日后用之甚可

丙丁酢 · 병정초 1

병정일에 담근 초

丙丁日汲井花水一斗五升 麯一升五合 和合瓮中 置丙地[1] 造米[2]一斗 眞麥五升 合洗浸水 丁日以甑蒸之 齊[3]甑 瀉其缸 以排水旋 三七日后 □以帛裹其口 又油紙裹之 生草覆之 不見不淨女人 七日後用之妙

병정일에 길어온 정화수 1말 5되에 누룩 1되 5홉을 합해 항아리에 넣고 볕이 있는 곳에 둔다. 현미 1말, 밀 5되를 합하여 씻어 물에 담가둔다. 정일(다음 날)에 시루에 찐 다음, 시루째 재빨리 항아리에 쏟고 물을 돌려가며 붓는다. 21일이 지나면 비단으로 아가리를 싸고 유지로 싸 생풀을 덮어둔다.
부정한 여인은 보아서는 안 된다. 7일 후에 쓰면 좋다.

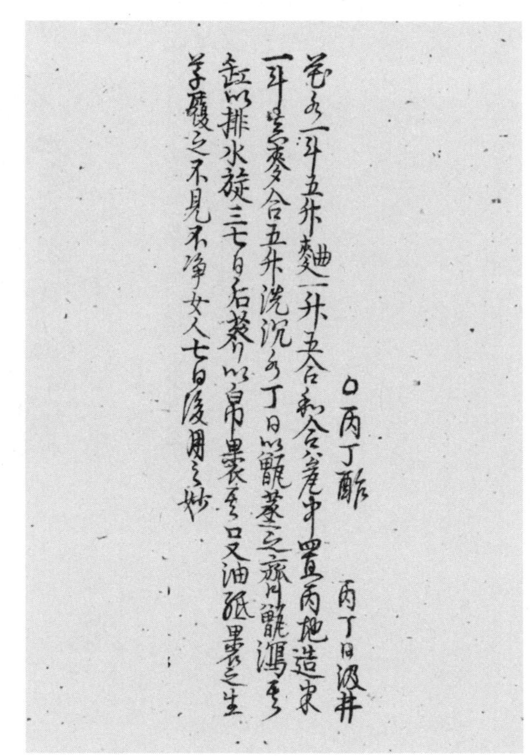
○丙丁酢 丙丁日汲井
花水一斗五升 麯一升五合 和合瓮中 置丙地 造米
一斗 眞麥五升 合洗沈水 丁日以甑蒸之 齊以甑瀉其
缸以排水旋 三七日后 [illegible]以帛裹其口 又油紙裹之 生
草覆之 不見不淨女人 七日後用之妙

1 丙地(병지): 남녘 즉 볕이 있는 곳
2 糙米(조미)의 오기로 생각할 수 있으며, 겉껍질을 벗긴 현미로 여겨진다.
3 齊(제): 재빠르다, 민첩하다

丙丁日醋法 · 병정일초법2

병정일에 담근 초 만드는 법

又法 丙丁日醋法 每月始丙日 汲月德方[1]井花水一斗 好麴一升 合入瓮 洗米六升 丁日曉頭作潤飯前 水入之 待熟開用 凡洗米 丙日最可好

매월 첫 병일(丙日)에 월덕방(月德方) 정화수 1말을 길어 좋은 누룩 1되와 섞어 항아리에 넣는다. 정일(丁日) 꼭두새벽에 씻은 쌀 6되로 진밥을 짓고, 물을 넣은 곳(항아리)에 넣어 익기를 기다렸다가 열어 쓴다.

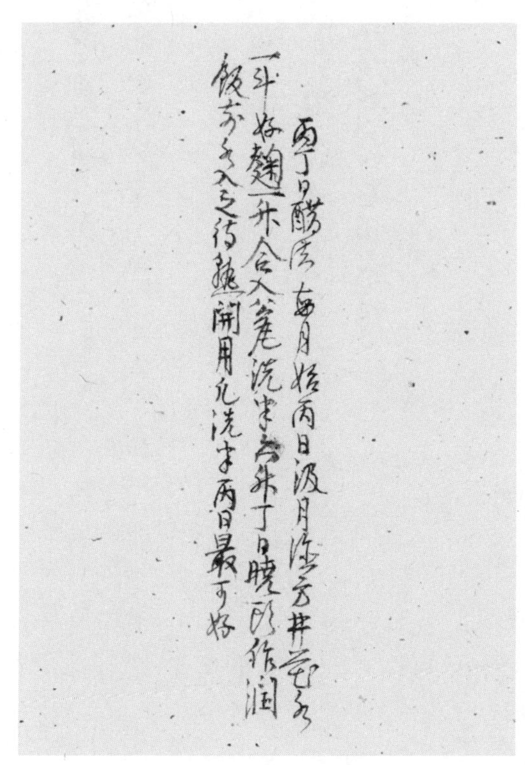

丙丁日醋法 每月始丙日汲月德方井花水
一斗好麴一升合入瓮洗米六升丁日曉頭作潤
飯前水入之待熟開用凡洗米丙日最可好

1 月德方(월덕방): 달의 길한 방행(方行)을 따질 때 쓰는 술법의 하나

○巴衣酛

六月大則二十九日小則二十八日巴衣米一斗百度洗浸

水置 翌日陽五日更熟蒸之待冷八月十五日夜開用

添淸酒無霞浸用之

○菖蒲酛 月令

蒲根葉句論[illegible]乳五六日出[illegible] 水[illegible]

○古是酛

黑麥[illegible]若干洗正沉水一日

粳浸蒸冷水一斗 麴末二合五勺[illegible]二七日後白粘[illegible]

三斗洗正蒸之[illegible]麵瓮口沉封之二七日後用之

巴衣酢 · 파의초

六月大則二十九日 小則二十八日 巴衣米一斗 細以春之 百洗浸水 置處陽 五日 更熟之 待冷 八月十五日夜開用 添淸酒 無寢用之

6월은 큰달이면 29일, 작은 달이면 28일이다. 파의미 1말을 절구에 빻아 여러 번 씻어 물에 담가두어 볕이 있는 곳에 둔다. 5일이 지나 다시 쪄서 차게 식힌다.
8월 보름밤에 열어서 쓴다. 맑은 술을 덧부으면 재우지 않고도 쓴다.

菖蒲酢 · 창포초

五月間□□□ 菖蒲根葉 勿論陰乾 五六日 □□□ 盛缸中封 經三日后 開用之 更□好□

5월 사이에 창포 뿌리와 잎을 그늘에 말려두었다가 5~6일 동안 항아리에 담고 아가리를 봉한다. 3일이 지나 꺼내 쓴다. 다시 ○○하여도 좋다.

古是酢 · 고시초 밀누룩초

眞麥若干 洗正沈水 一□□□□ 夜後盛 冷水一斗 麯末二合五勺 幷□盛 一七日後 白粘米二斗 洗正蒸之 擧甑瓮口 沈封之 二七日后用之

약간의 밀을 깨끗이 씻어 물에 담갔다가 (고리를 만든다. 그 고리를) 밤을 지낸 후 (항아리에) 담고 찬물 1말과 누룩가루 2홉 5작을 같이 넣는다. 7일 후 흰 찹쌀 2말을 깨끗이 씻어 (시루에) 찐다. 시루째 항아리에 쏟아 담고 아가리를 봉하여 14일이 지나 쓴다.

주식 — 主食

밥, 죽, 면, 만두는 곡물로 만든 주식류로 총 10종이 기록되어 있다. 밥은 온반 1종이지만 일종의 국밥이며, 죽은 멥쌀·율무·기장쌀로 만든 백죽, 담죽, 기매죽 3종이 기록되어 있다. 면은 당시 귀한 별미이기에 다양한 제조법으로 면·별면법·작세면·면시·진주면 5종으로 나오는데, 메밀가루·녹두가루·밀가루로 만든 면과 먹는 법을 소개하였다. 만두법은 밀가루에 메밀가루를 섞어 반죽하여 소고기 소를 넣어 빚은 수고아 1종이 기록되어 있다. 기장이나 메밀쌀을 삶아 녹두분을 묻혀 삶아내어 알갱이를 투명하게 만들어 깨국에 마는 면이 진주면이다.

다양한 조리 도구 _ 밥이나 국수, 국 등을 만들어 음식을 만들어 상에 올리려면 밥을 푸는 주걱, 국을 푸는 국자, 국수를 건져내는 뜰체가 있어야 한다. 대부분 힘을 주어 떠내야 하므로 주로 놋쇠로 만들며 손잡이를 막대 모양처럼 길게 하고 끝을 납작하게, 또는 약간 우묵한 형태로 만든다.

水鰎兒 · 수고아 물만두

取精白眞末 蕎麥末 分而蕎麥末差少 淡鹽水漉和之 作團 以團木至薄推之 用肉作槊 如双花[1]槊例而尤加精細 着槊過塗水合付之 烹用水薑汁

희고 고운 밀가루와 메밀가루를 같은 분량으로 하며, 메밀가루를 조금 적게 해도 된다. 슴슴한 소금물을 걸러 반죽하여 덩어리를 만든다. 반죽 덩어리를 밀대로 얇게 민다. 고기로 소를 만드는데 마치 상화만두의 소처럼 곱게 다져 소를 넣고, 물을 발라 마주 붙인다. 물에 삶아 생강즙을 곁들인다.

1 双花(쌍화): 상화만두

麵 · 면 국수 만들기

木麥淘洗 乾磨去皮 簸[1]去滓 又輕杵去精皮 然後暫洒水 舂之 用苧細布 重篩之 洒湯水和之 須少水堅合 若水多則麵靭[2] 每一賓木末一升式 菉豆粉則五合式

메밀을 일어 씻어 말린 뒤 맷돌에 갈아 껍질을 없애고, 키질을 하여 찌꺼기를 제거한다. 절구질을 가볍게 하여 속껍질까지 없앤다. 그런 다음 잠시 물을 뿌려 축인 후 절구에 찧는다. 고운 모시로 만든 겹체에 내린다. (메밀가루에) 끓는 물을 조금씩 부으면서 섞어 되게 반죽한다. 물이 많으면 면 반죽이 질어진다. 1인 기준으로 메밀은 1되, 녹말은 5홉으로 양을 정한다.

麵豉 · 면시 장국국수

賓雞淨去毛 以藁索推 極洗 乃去內 又洗內 使無血氣 然後爛烹之 將其水漉水 置醬清汁取色 又生半熟膏雞 細切葱白細醬清汁少許 置熟香油炒之 和黑湯 然後醬麵[3] 別用熱黑湯 再度和瀉 然後和上項豉點藥[4]

닭 털을 깨끗이 뽑고 새끼줄로 문질러 깨끗이 닦아낸다. 닭 속에 든 것들을 꺼내고 안을 말끔히 씻어 핏기가 없도록 한다. 그런 다음 무르게 삶아 그 물은 거르고 청장으로 맛을 낸다. 반쯤 익은 살찐 닭고기는 가늘게 썰고, 파의 흰 부분은 가늘게 채 썰어 넣은 후 청장을 조금 넣는다. 뜨거운 참기름에 볶다가 흑탕(닭 육수)을 부으면 장국 국수가 된다. 뜨거운 육수를 따로 끓이고 (면을) 함께 넣은 다음 위에 양념장을 올린다.

1 簸(파): 까부르다, 일다
2 靭(인): 질다
3 醬麵(장면): 장국 국수
4 豉點藥(시점약): 양념장

○生珠粉　黍米或木麥米中精白者
之爛作飯以冷水洗之勿令粘連篩濾塗生末爲熟
水中又洗冷水又塗生末如前法後更塗菉豆粉
再塗前法塩瓜児細切洗去醎軟肉細切如生珠粉
大炒熟香油中各香菜荏汁用匙

○[illegible]邁粥
膏黑湯用醬清汁取之精白生稷米作粥膏
肉細切塩韮細切塩瓜或醬瓜細切洗去醎別熟之
并入

眞珠粉 · 진주분

黍米 或木麥米中精白舂之 爛作飯 以冷水洗之 勿令粘連篩漉塗 眞末納熟水中 又洗冷水 又塗眞末 如前法後 更塗菉豆粉再塗前法 鹽瓜兒 細切洗去醎 軟肉細切如前 眞珠粉大 炒熟香油中 各香菜荏汁[1]用匙

기장쌀 또는 메밀쌀을 깨끗이 씻은 다음 절구에 찧어 무르게 밥을 짓는다. 냉수에 씻어 미끄러운 기가 없도록 여러 번 헹궈 체에 밭친다. 밀가루를 묻혀 물에 넣고 삶아내어 다시 찬물에 씻는다. 다시 밀가루를 묻혀 앞의 과정을 반복한다. 다음으로 녹말을 묻히고 (데쳐 헹궈) 또다시 (녹말을) 묻혀 이전 방법대로 한다.
소금에 절여둔 애오이(어린 오이)를 가늘게 썬 후 물에 씻어 짠맛을 없앤다. 연한 고기도 가늘게 써는데, 먼저 만든 진주분(밀가루, 녹말을 묻혀 데친 기장 또는 메밀쌀) 크기로 썬다. 참기름을 뜨겁게 달구어 (재료를) 볶고 향채나 깨즙을 넣어 숟가락으로 떠먹는다.

其邁粥 · 기매죽 기장죽

膏黑湯 用醬清汁取色 精白生稷米[2]作粥 膏肉細切 鹽韭細切鹽瓜或醬瓜細切 洗去醎 別熟之 再入

육수를 맛있게 하려면 청장즙으로 맛을 낸다. 깨끗하고 하얀 기장쌀로 죽을 쑨다. 맛있는 고기를 가늘게 썰고 소금에 절인 부추도 가늘게 썬다. 소금이나 장에 절인 오이를 가늘게 썬 후 씻어서 짠맛을 뺀다. (고기 등을) 별도로 익혀 (죽에) 넣는다.

1 荏汁(임즙): 깨즙
2 稷米(직미): 기장쌀

淡粥 · 담죽 묽은 죽

薏苡細末 炒乾 薯蕷[1]末 圓米末 各等分 以熱水和作粥 和淸蜜用大鍾

가루를 곱게 내어 볶아 말린 율무와 마가루, 원미가루를 같은 분량으로 하여 뜨거운 물을 붓고 고루 섞어 죽을 쑨다. 꿀을 타 큰 그릇에 담는다.

溫飯 · 온반

黑湯用醬淸汁取色漉之 生膏肉 或生雉 作反[2](飯)細切如花菜菁沈菜莖 甘藿煎 豆泡小油餅 實栢子 和用

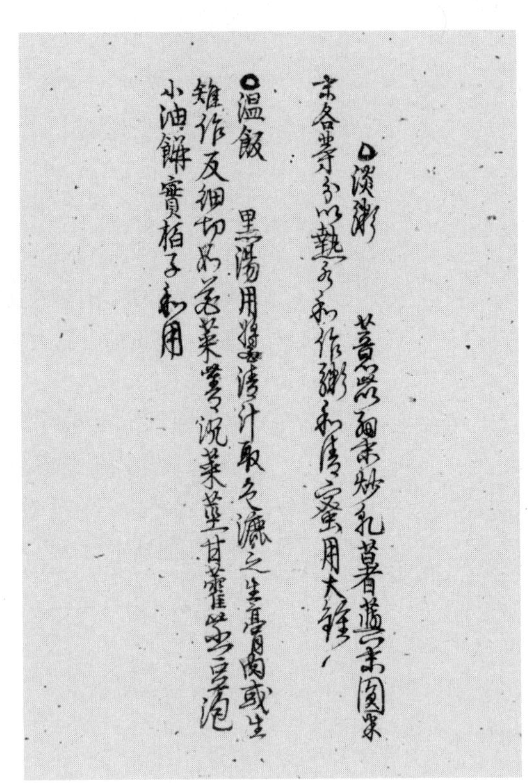
○淡粥 薏苡細末炒乾薯蕷末圓米
末各等分以熱水和作粥和淸蜜用大鍾
○溫飯 黑湯用醬淸汁取色漉之生膏肉或生
雉作反細切如花菜菁沈菜莖甘藿煎豆泡
小油餅實栢子和用

1 薯蕷(서여): 마
2 反으로 써 있으나 飯(밥)으로 여겨진다.

육수는 청장으로 맛을 내고 거른다. 맛있는 생고기나 꿩을 화채처럼 가늘게 썰어 밥을 짓는다. 무청김치, 다시마전, 두부부침, 잣을 넣는다.

白粥 · 백죽 흰죽

若欲一沙鉢 則白米三合 暫淘洗用 重洗 水一沙鉢半烹 至一沙鉢 如溢退火 勿使餘溢 且勿開盖

죽 1사발을 만들려면 멥쌀 3홉을 물에 일어 여러 번 씻는다. 물 1사발 반을 붓고 1사발 양이 될 때까지 끓인다. (죽이) 넘치려 하면 불을 빼 넘치지 않게 하고, 뚜껑은 열지 않도록 한다.

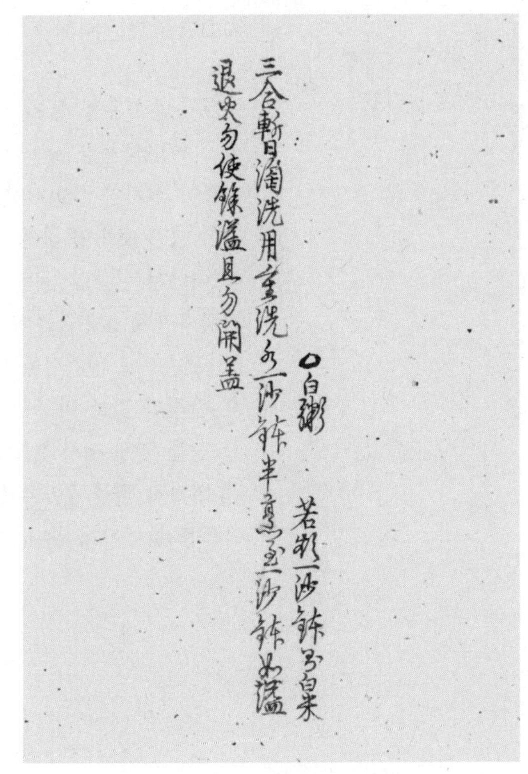
○白粥 若欲一沙鉢則白米
三合暫淘洗用重洗水一沙鉢半烹至一沙鉢如溢
退火勿使餘溢且勿開盖

別麵法 · 별면법 난면

鷄雉卵莫論 以多破碎 上品○○(眞)末適中 交攪無水爲可 如常麵例 以作服爲妙

달걀이나 꿩 알을 막론하고 좋은 품질의 밀가루에 많이 깨뜨려 넣고 섞어 반죽하는데, 물이 없는 것이 좋다. 일반적인 면 만드는 방법으로 만들어 먹으면 좋다.

作細麵 · 작세면 가는 국수 만들기

菉豆末五合 和水盛瓢 浮諸沸水 以木筯和攪 作膠引之 如絲不絶 和本八升 乾則加膠 引擧三四尺許 連綿不絶 穿瓢底三穴 如鼎足濶可容指 以左手執瓢 而仍以指塞穴 然後盛和膠末于瓢中 高擧齊眉 立于沸水傍 移指開穴 以右手打瓢紘 使流下入于沸水 見成麵 移于冷水 洗而用之

녹두녹말 5홉을 물에 섞어 바가지에 담아 끓는 물에 띄운다. (바가지의 녹말물을) 나무젓가락으로 저어 풀을 만들고, 늘려보아 실처럼 끊어지지 않으면 녹두녹말 8되와 섞는다. 이것이 마른 듯하면 풀을 더하고, 90~120cm가량 들어 올렸을 때 이어져 실처럼 끊어지지 않도록 한다. 바가지 바닥에 솥발처럼 구멍을 3개 뚫는데 손가락이 들어갈 정도의 크기로 뚫는다. 왼손으로 바가지를 잡고 손가락으로 바가지 구멍을 막은 후 반죽한 것을 바가지에 담아 눈썹 높이까지 들어 올린다. 끓는 물 옆에 서서 들고 손가락을 떼어 구멍을 열고, 오른손은 바가지 옆을 두드리며 풀이 밑으로 흘러 떨어져 끓는 물 속으로 들어가게 한다. 면이 완성되면 냉수에 옮겨 씻는다.

則大口粗細法　雞雛相莫論以爲破碎

上品細〃素適中交撰無不爲可如常麵

例以作服爲妙

作細粐

菉豆末五合和水[illegible]瓢浮

諸沸湯以末節和攪作膠引之如縷不絕和末下

八分乾又加膠引亂三四尺許垂綿不絕穿瓢

底三穴如鼎足澗可容指以左手執瓢而仍以

指塞穴待後盛和膠末于瓢中高亂各眉

立于沸湯傍搖指開穴以右手打瓢絃使流

下入于沸湯見成粐撈于冷水洗而用之

찬물 — 饌物

주식과 함께 먹는 찬물류는 고기음식, 생선음식, 채소음식, 두부음식이 있으며 총 22종이 기록되어 있다. 탕이 4종으로 흑탕·포탕·별탕·족탕이 있으며, 두부가 2종으로 취포·건두포가 있다. 또 고기음식이 12종으로 편적, 란저두, 마미육, 치개미육, 육적, 자우육법, 자마육법, 진조, 계팽, 팽계, 팽황구, 치장이 있다. 이는 돼지고기, 소고기 외에도 말고기, 황구, 참새고기, 꿩고기, 자라고기 먹는 법을 소개하고 있다. 특히 당시 귀한 고기와 해산물을 향신료와 특이한 조리법으로 잘 먹을 수 있도록 기록한 것은 당시의 육류 식재료와 조선 초기 식생활상을 짐작할 수 있다. 생선음식은 2종으로 연전포·은어가 나타나며, 조선 초기 조리서에서 채소음식으로 나타나는 산삼자반도 보인다.

적쇠 _ 적쇠는 굵은 철사나 쇠막대로 사각지게, 또는 원형으로 만들며 가로 세로 이어 만들고 굵은 손잡이를 붙여 만든 조리용구이다. 화로, 풍로 안에 활활 타는 숯불을 담고 위에 석쇠를 올려 고기와 생선을 뒤집으며 직화로 굽는다.

乾豆泡 · 건두포 말린 두부

當二月造泡 以細佾細篩盡去細滓 作泡堅幅 太一斗則作九片 置槽三日後 布箔上 陽乾 夜則還浸其水盡爲度

2월이 되면 두부를 만드는데, 고운 자루와 고운 체에 찌꺼기가 없도록 걸러 단단하고 넓적하게 두부를 만든다. 콩 1말이면 (두부) 9판이 만들어진다. (두부) 통에 3일을 두었다가 발 위에 널어 양지에서 말린다. 밤에 다시 (두부 통의) 물에 담가 두었다가 (다시 널어) 두부의 물이 완전히 빠질 때까지 둔다.

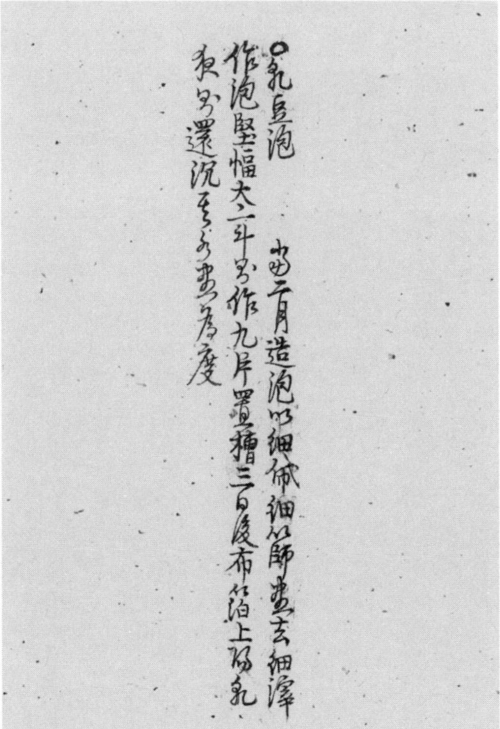

山蔘佐飯 · 산삼좌반

더덕자반

山蔘[1]淨洗 以石磨去節朣 小鹽置缸 待入鹽 以木槌擣之 以刀剖 作一二三四片 還納缸 注醬淸汁 待漬入乾 用塗熟須油 一云 烹去皮 擣剖破 水浸 去水 浸於醬淸汁乾

더덕은 깨끗이 씻어 돌로 문질러 돌기를 없앤다. 소금을 약간 뿌려 항아리에 넣고 소금간이 스며들기를 기다린다. 나무 방망이로 두드리고 칼로 1~4쪽으로 쪼갠 후 다시 항아리에 넣는다. 청장즙을 잠기도록 부었다가 (꺼내) 말린다. 기름을 살짝 발라 익혀 쓴다.
또 한 가지 방법은 (더덕을) 삶아 껍질을 벗기고 두들겨 쪼갠다. 물에 담갔다 (꺼내) 물기를 제거하고 청장즙에 담갔다가 말려 쓴다.

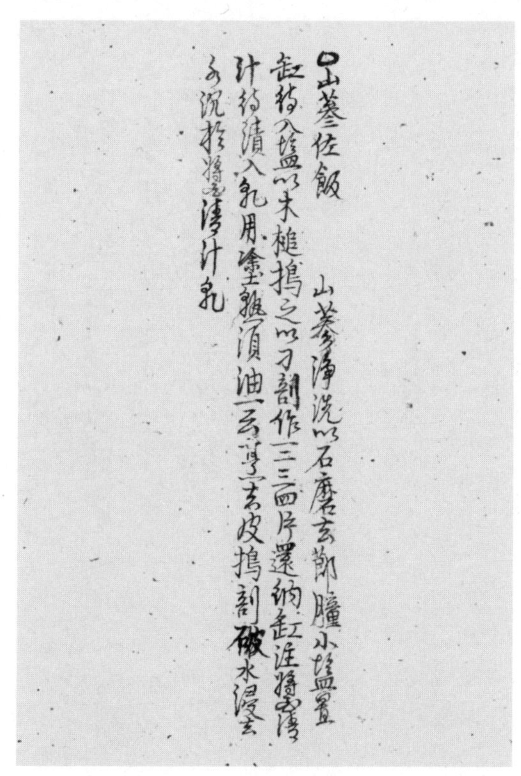

山蔘佐飯
山蔘淨洗以石磨去節朣小塩置
缸待入塩以木槌擣之以刀剖作一二三四片還納缸注醬淸
汁待漬入乾用塗熟須油一云烹去皮擣剖破水浸去
水浸於醬淸汁乾

1 山蔘(산삼): 삼(蔘)의 한 가지, 더덕

○取泡　太豆一斗磨破去清水浸限極洗又黃太豆
一斗別磨破去皮淨洗黃太與太豆雜極洗徐徐緩磨之
以細布去滓又用木綿細布袋極去細滓然後入釜沸
之若溢出則以淨冷水隨釜邊暫暫迴注又溢則如是者六
七度然後出之去火釜底之火灰盡用若濕之布蓋釜
下酢水極淡如水徐徐入之若酢則稍鹹則不軟又醴水
不徐則不軟諺曰性急者取泡多致不軟以黃太豆之故
雖極軟不破落

取泡 · 취포

두부 연하게 만드는 법

太一斗磨破去 清水爲限極洗 又菉豆一斗 別磨破去皮 淨洗 與太相雜 極洗 徐緩[1]磨之 盛帒去滓 又用木綿帒綃帒 極去細滓 盛釜沸之 若溢出則以淨冷水隨釜鉉 暫廻注 又溢則如此者六七度 然後盡 去其釜底火氣用苫濕之布其釜下 酢水極淡如水 徐徐入之 若酢水稍醎則不軟 又入醋水[2] 不徐則不軟 諺曰性急者 取泡多致不軟 以菉豆之故 雖極軟 不破落

콩 1말을 타서 껍질 벗기고 맑은 물이 나올 때까지 깨끗이 씻는다. 녹두 1말을 따로 타서 껍질을 벗겨 깨끗이 씻는다. 이 두 가지를 섞어 깨끗이 씻고, 맷돌에 천천히 간 후 자루에 담아 찌꺼기를 거른다. 또 목면 자루나 생명주 자루를 이용해 고운 찌꺼기까지 잘 거른다.
(콩물을) 가마에 담아 끓이는데 넘치려 하면 찬물을 솥 가장자리로 천천히 돌리면서 붓는다. 또다시 넘치려 하면 앞과 같은 방법으로 예일곱 번을 반복한 후, 완성되면 축축한 거적을 솥 밑에 덮어 불기운을 없앤다. 초를 물에 아주 연하게 타 서서히 넣는다. 만일 식촛물이 진하면 (두부가) 연하게 되지 않고, 식촛물을 급히 넣으면 (두부가) 연하지 않다. 성질이 급한 사람이 두부를 만들면 연하지 않게 된다는 말이 있다. 그리고 예부터 녹두를 함께 쓰면 매우 연하고 부서지지 않는다고 하였다.

1 徐緩(서완): 느림. 진행이 더딤
2 醋水(조수): 醋水(초수)의 오기로 여겨짐

片炙 · 편적

炙時乘熟 或缸 或有盖鉢中 毋令出氣 卽抽納盖之 片炙 烹器熟之 又用熟香油 塗其烹器 乃下濃淡適中鼓[1] 不停沸之 而或停則不起軟 下淡鼓以至濃不絶沸之爲妙

적을 만들 때는 뜨거울 때 항아리나 뚜껑 있는 사발에 넣어 식지 않도록 바로 뚜껑을 덮는다. 편적을 익히는 그릇은 달구어 참기름을 바르고, 장을 적당히 넣어 간을 맞춘 후 멈추지 말고 끓인다. 멈추면 연하게 완성되지 않는다. 밑의 묽은 장이 진하게 될 때까지 끓이는 것이 좋다.

泡湯 · 포탕 두부된장국

取泡卽乘熱作片 但取水暫壓後 如蒸二三介 幷厚切之 煎於香油 色黃用 醬淸汁豉[2] 菁沈菜莖二寸許 斷之幷烹用

두부를 만들어 뜨거울 때 편으로 썬 후 잠시 눌러 물기를 뺀다. 2~3개를 두껍게 썰어 마치 찌는 것처럼 참기름에 노릇하게 지진다. 된장 국물에 6cm 길이로 자른 무청김치를 함께 넣고 끓인다.

黑湯 · 흑탕 육수 만들기

凡烹飛禽水最好 須漉置淸醬 取色用

이르기를 날짐승 삶은 물이 제일 좋다. 육수를 거른 후 청장으로 색을 낸다.

1 豉(시): 장으로 여겨진다.

2 간장과 된장이 합쳐진 장

○片灸　灸時乘熟或缸或有盖鉢中毋令出氣卽抽的盖之片灸烹器盛之又用鍮錚以油塗之烹器乃下濃淡適中鼓不停沸之或停則不起軟下淡鼓以至濃不絶沸之爲妙

○泡湯　取泡卽水熟作片但取水暫壓去後以蒸二三分并厚切之出移于油色黃用撈出淸汁鼓著沈菜莖二寸許斷之并烹之用

○黑湯　凡烹之下[illegible]

飮水最好須漉置淸撈出取之用

氷煮 · 빙자 녹두빈대떡

菉豆磨破去皮 沈水 取□□ 磨之 眞油置火鼎沸之 將其菉豆如大錢体挹之 其上細切[1] 用和椒椒細末 或切葱生薑 和置之 菉豆盖置熟處後 飜煎 若一時多用 則如此様多造 臨時鼎內塗香油 布列溫之用

녹두를 타서 껍질을 벗기고 물에 담갔다 건져 (깨끗이 씻어) 맷돌에 간다. 솥에 참기름을 두르고 끓인다. (여기에) 녹두 간 것을 큰 엽전만 하게 떠 올려 지진다. 그 위에 가늘게 썬 것[1]을 고운 후춧가루나 파, 생강 썬 것과 섞어 올리고 녹두를 덮고 익혀 다시 뒤집어 지진다.

한 번에 많이 만들려면 이와 같은 모양으로 많이 만들어두어 쓸 때는 솥 안에 기름을 바르고 늘어놓아 따뜻하게 데워 쓴다.

雞烹 · 계팽 닭찜

膏雞淨去毛 用蒿索推 極洗 乃去內 又洗內 使無血氣後 茴香芷菜[2] 川椒 醬一匙 熟香油半匙 和納雞內 以竹針合封後 淸醬和水至淡 熟香油一匙 和納小缸 乃下雞 以油紙堅封 釜內重湯 釜上用置橫木 懸缸 毋令傾側 自朝至暮 或自暮至朝 軟烹出之 以手裂 用烹汁粘椒椒末

살찐 닭의 털을 제거하고 새끼줄로 문질러 깨끗이 닦는다. 닭 배 속 내장을 빼고 그 안을 깨끗이 씻어 핏기가 없도록 한다. 다음으로 회향, 지채, 천초와 장 한 숟가락, 끓인 참기름 반 숟가락을 섞어 닭 배 속에 넣고 죽침으로 봉한다.

청장을 물에 싱겁게 타고 (여기에) 끓인 참기름을 한 숟가락 타 작은 항아리에 넣고 닭을 넣는다. 유지로 아가리를 봉하고 솥 안에 넣어 중탕하는데, 솥 위에 막대를 가로질러 놓고 그 위에 항아리를 놓는다. 항아리가 기울면 안 되고 아침부터 저녁까지, 또는 해 질 녘부터 아침이 될 때까지 닭이 연해

1 細切(세절): 정확한 재료를 알 수 없지만 내용상 육류일 가능성이 높다.

2 芷菜(지채): 어수리, 구릿대

지도록 익힌 후 꺼낸다. (닭 살은) 손으로 찢고 우러난 국물에는 후춧가루를 뿌려 먹는다.

又烹雞 · 우팽계

또 다른 닭찜

鷄兒如上法合封 以蒿使擧頭藏翅 刑体端正結之 鼎置 如指木三四介 使雞坐置 注水一沙鉢 烹之 水盡 出雞亦同

어린 닭을 앞(계팽)의 방법대로 하여 봉한 후, 닭의 머리를 들고 날개를 움츠린 모습이 되도록 짚으로 묶는다. 솥에 넣을 때 마찬가지로 손가락 굵기의 나뭇가지 3~4개를 놓고 닭을 넣는다. 물 1사발을 붓고 물이 졸아들 때까지 찐 후 꺼내 같은 방법으로 완성한다.

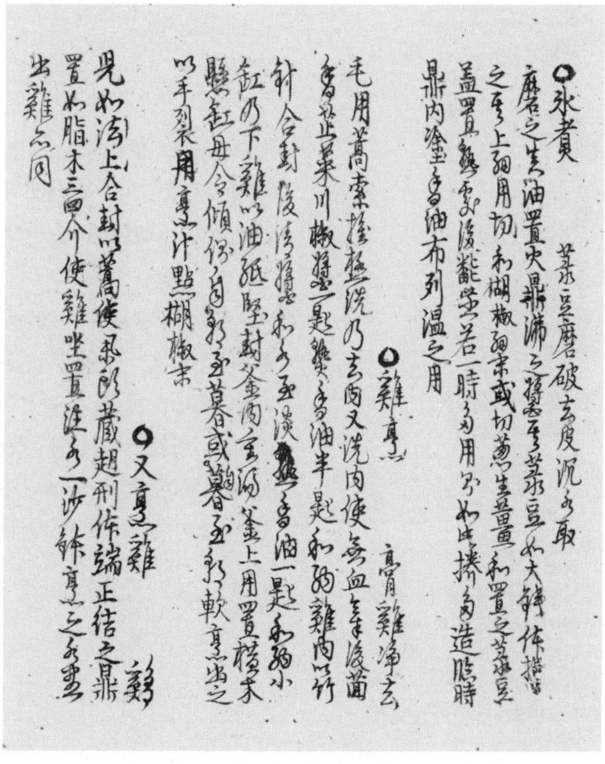

鱉湯 · 별탕 자라탕

生鱉[1]沈於沸水中 鱉皮暫熟則出之 以蒿索摩擦 極精洗去皮 以刀剖脇去內 更洗血氣 更用淨水 爛烹裂之 去骨 骨細難盡去 須洗去之 用熟香油[2]少許炒之 然後用豉 更烹點藥 生葱白寸切 体大則裂之 欲進臨出時和 勿使葱過熟

생자라를 끓는 물에 넣어 껍질이 익을 정도로만 삶아 꺼낸다. 새끼줄로 문질러 깨끗이 닦아 껍질을 없앤다. 칼로 자라의 옆구리를 갈라 내장을 꺼내고 핏기가 없도록 씻는다. 깨끗한 물에 푹 삶아 쪼개 뼈를 발라낸다. 가는 뼈는 없애는 것이 매우 어려우니 여러 번 씻어 없앤다. 참기름을 조금 넣고 볶다가 시(豉, 된장)를 넣고 다시 양념을 넣어 끓인다. 파의 흰 부분을 3cm 길이로 자르고 굵으면 쪼갠다. 빨리 내고 싶으면 파를 섞어도 되지만, 너무 익으면 안 된다.

爛猪頭 · 란저두 돼지머리편육

猪頭推去毛 淨極洗 以刀搔洗 至色白後 以細蒿索密纏[3]烹之 熟則乘熱 沈冷水中 使外冷內熱 如是者六七度 則自然爛熟 然後乘熱 出置杻盤[4] 去索薄片 用芥汁

돼지머리의 털을 밀어 없앤 후 깨끗이 씻은 뒤 칼로 긁어 하얗게 만든다. 가는 새끼줄로 촘촘하게 얽어 묶어 삶는다. 뜨거울 때 냉수에 담가 겉은 차고 속은 뜨거운 상태가 되게 하며 같은 방법을 예닐곱 번 반복한다. 이렇게 하여 무르게 삶아지면 뜨거운 채로 꺼내 싸리 채반에 올린다. 새끼줄을 풀고 편으로 얇게 썬 후 겨자즙을 곁들여 낸다.

1 鱉(별): 자라
2 熟香油(숙향유): 참깨를 볶아 짠 기름이나 끓인 참기름으로 볼 수 있다.
3 纏(전): 얽어 묶다
4 杻盤(축반): 싸리나무로 만든 채반

○鼈魚湯

生鼈魚沉於沸水中鼈魚皮暫熟而出之以藁索麻石擦極精洗去皮以刀割腸去肉更洗血氣盡更用淨水爛烹而刻裂之去骨而細難去去瀆細去之用熟水油少許炒之然後用豉更烹熟葉生葱白寸切作大片列之(進)之時出時和勿使葱過熟

○爛猪頭

猪頭於去毛淨極洗以刀搔洗致色白後以細藁索密纏烹之熟而乘熱沉冷水中使外冷內熱如是者七度而自然爛熟然後乘熱出置粗盤去索薄片用芥汁

或炭火 或以引刀 且或重毛後 用剜[1]刀淨搔[2]洗 更洗爛烹 以手裂之 炒於熟香油 然後用醬清汁 和水 醎淡適中 更熟粘藥 牛馬羊羔猪獐鹿足 皆可用

숯불로 그슬리거나 인두로 지져 (다리의) 털을 없앤다. 칼로 깨끗이 긁어 여러 번 씻은 후 무르게 삶는다. (살코기를) 손으로 찢어 뜨겁게 달군 참기름에 볶는다. 청장즙과 물을 넣어 짜거나 싱거운 맛을 알맞게 맞춘 다음, 다시 양념을 넣고 끓인다. 소, 말, 양, 염소, 돼지, 노루, 사슴 등 모든 다리를 사용할 수 있다.

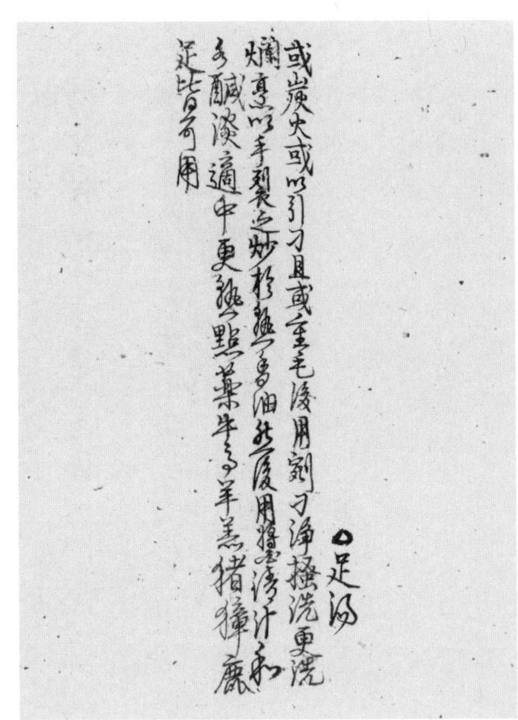
足湯
或炭火或以引刀且或重毛後用剜刀淨搔洗更洗
爛烹以手裂之炒於熟香油然後用醬清汁和
水醎淡適中更熟點藥牛馬羊羔猪獐鹿
足皆可用

1 剜(완): 깎다, 도려내다
2 搔(소): 긁다

馬尾肉 · 마미육
말꼬리탕

馬尾毛留半寸許 斷去淨洗 烹後 以執介盡去毛根 更搔洗 爛烹 去骨如上足湯例 用瘦[1]馬尾 尤有味

말꼬리 털을 1.5cm 정도 남기고 잘라 깨끗이 씻는다. 삶은 후 집게로 모근까지 모두 제거하고 다시 긁어 깨끗이 씻는다. 무르게 삶아 뼈를 없앤 후 족탕과 같이 조리한다. 여윈 말꼬리를 사용하면 더욱 맛있다.

治改味肉 · 치개미육
변한 고기맛 고치기

唐楸子[2]三四介作破 幷烹肉爲味

당추자(호두) 3~4개를 깨트려 고기 삶을 때 함께 넣으면 맛이 좋다.

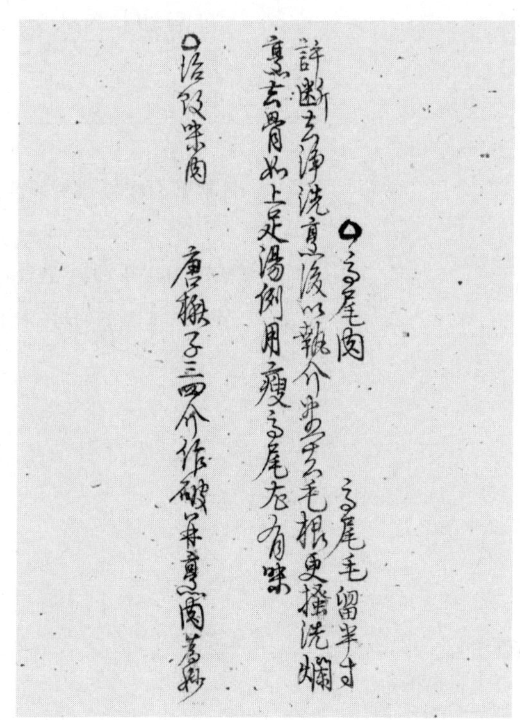
○馬尾肉 馬尾毛留半寸
許斷去淨洗烹後以執介盡去毛根更搔洗爛
烹去骨如上足湯例用瘦馬尾尤有味
○治改味肉
唐楸子三四介作破幷烹肉爲味

1 瘦(수): 여위다, 작고 가늘다
2 唐楸子(당추자): 호두나무의 열매

軟全鮑 · 연전포
전복 연하게 삶는 법

全鮑烹時 粘膩土[1]少許烹之 又碎瓦幷烹

전복을 삶을 때 진흙을 조금 넣거나 부서진 기와를 함께 넣고 삶는다.

銀魚 · 은어
은어찜

[俗云都留目]
銀魚乾者則浸水 米泔水旣潤[2] 則淨洗去翼與頭尾 醬淸汁 熟香油小許 和水烹用 與新生無異

[보통 도루묵이라 한다.]
말린 은어를 쌀뜨물에 담가 불린다. 깨끗이 씻어 지느러미와 머리, 꼬리를 없앤다. 청장즙과 참기름 약간을 물에 섞어 넣고 끓인다. 마치 갓 잡은 것의 맛과 다름이 없다.

肉炙 · 육적

凡無膏肉作炙 則片醬淸汁令不醎置 熟香油小許和之炙

보통 기름이 없는 고기로 적을 만든다. 편으로 썰어 짜지 않게 청장즙에 재웠다가 참기름을 조금 넣고 버무려 굽는다.

1 粘膩土(점니토): 매우 끈끈하고 기름기가 있는 진흙
2 潤(윤): (물에) 붇다, 젖다

○軟全鮑　全鮑烹時粘臟出水許烹之又碎爲烹

○銀魚炙 俗都目　銀魚乾者水浸之米泔水既潤

水淨洗去翼與頭及尾擣醬清汁雜以香油少許和

之烹之用之與生之無異

○肉炙　凡無膏肉作

炙時片擣醬清汁合米醎置雜以香油許和之炙

○雞醬　生雞肉細〻切之醋醬塩少許胡椒末生薑葱白細〻切作和丸如彈丸以荏油

煮牛肉法　猛火煮令滾便當退作煴火不可蓋鍋口若誤蓋則有毒如煮老牛肉入碎杏仁及芦葉一束同煮易軟爛

煮猪肉法　冷水下肉煮熟不可蓋蓋了肉黑熟色有毒無味加入葱汁能軟肉及去毒若病猪肉便用鹽汁葱椒茴香淹一二宿漉出香油拌了晒乾蒸食蒸之時再晒汁蒸之庶免毒氣傷人不如則令人多因生疔黃〻澄又月淹一日可也

右求法出事林廣記者煮諸肉之章

雉醬 · 치장
꿩고기완자

生雉肉細細切之 醋鹽小許 胡椒末 生薑 細細切作 和丸如彈丸 煎於眞油

생꿩을 곱게 다져 식초와 소금을 조금 넣고 후춧가루, 곱게 다진 생강과 파의 흰 부분을 넣어 골고루 섞는다. 탄환 크기 정도로 동글게 만들어 참기름에 지진다.

煮牛肉法 · 자우육법
소고기 연하게 삶는 법

猛火[1]煮 至滾便當退 作熳火[2] 不可盖鍋口 若誤盖 則有毒 如煮老牛肉 入碎杏仁 及芦葉一束 同煮 易軟爛

센 불에 끓이다가 부글부글 끓으면 바로 불을 빼 불을 약하게 한다. (이때) 솥뚜껑을 덮으면 안 되는데, 잘못해서 뚜껑을 덮으면 독이 있다. 늙은 소고기를 삶을 때는 부순 행인(살구씨)과 지황 잎 한 다발을 넣고 함께 삶으면 연하고 무르게 익는다.

煮馬肉法 · 자마육법
말고기 끓이는 법

冷水下肉煮不可盖 其肉青黑色有毒無味 加入葱酒能軟肉 及去毒 若病馬肉 須用鹽酒 葱椒茴香 淹一二宿漉出 香油拌過 洒乾蒸食 蒸時 再洒酒 蒸 庶免毒氣傷人 不爾則令人多生疔黃[3]之證 夏月 淹一日可也 右等法 出事林廣記[4] 煮諸肉章

찬물에 고기를 넣고 삶는다. (이때) 뚜껑을 덮으면 안 된다. 고기가 푸르거나 검으면 독이 있고 맛이 없다. 삶을 때 파와 술을 넣으면 고기가 부드러워지고 독을 제거할 수 있다. 만약 병든 말고기라면 반드시 소금, 술, 파, 산초, 회향 등에 하루 이틀 재웠다가 걸러내도록 한다.
참기름을 뿌리고 뒤섞어 말린 후 쪄 먹는다. 찔 때 다시 술

1 猛火(맹화): 세차게 타는 불
2 熳火(만화): 뭉근하게 타는 불
3 疔黃(정황): 누런 종기
4 事林廣記(사림광기) : 원나라 초기의 생활문화 백과사전

을 뿌려주면 독기로 인해 사람을 해치는 것을 막을 수 있다. 그렇지 않으면 (사람의) 몸에 누런 종기가 많이 생기게 된다. 여름에는 하루 동안 담가두는 것이 좋다. 이러한 방법은 「사림광기(事林廣記)」의 여러 가지 고기를 끓이는 항목에 나온다.

烹黃狗 · 팽황구 개고기 삶기

黃狗先食黃鷄一首 待五六日捉之 去骨取肉 納小缸 淸醬交水五鉢 眞油五合 注缸封口 釜中盛水沈之 自黃昏達朝烹之 醋淸醬葱[1]汁服之

누런 개에게 누런 닭 1마리를 먼저 먹인 후 5~6일을 기다렸다 잡는다. 뼈는 버리고 고기만 취하여 작은 항아리에 넣고 청장, 물 5사발과 참기름 5홉을 섞어 항아리에 부은 후 아가리를 봉한다. 솥에 물을 붓고 항아리를 넣어 해 질 무렵부터 (다음 날) 아침까지 삶는다. 식초, 청장, 파로 양념장을 만들어 찍어 먹는다.

眞[2]鳥 · 진조 참새구이

燒而沈好酒 先食其鳥 其酒飮之 冬至後 立春前 鳥爲好

(참새를) 구워 좋은 술에 담갔다 참새고기를 먼저 먹고 그 술도 마신다. 동지 후부터 입춘 전의 새가 좋다.

1 葱(총): 파. 蔥(총)

2 眞鳥(진조): 참새. 雀(작)

烹黃狗

黃狗先令食黃雞一首待五六日捉之去骨取肉細小缸清將醬交水五鉢眞油五合注缸封口釜中蒸之如沉之自黃昏達朝烹之醋清將醬蔥汁食之

○生雉燒而沉

好酒先令食至雉至酒飢之

떡·과자

餠·菓類

「계미서」에 기록된 떡과 과자류는 총 4종이 기록되어 있다. 일반적인 시루떡보다는 술로 발효시켜 만든 떡인 증편과 예부터 궁이나 양반가에서 가장 즐겨 먹던 약과법과 과자를 만들 때 필요한 조청 만드는 법까지 소개하였다. 지금도 이 책에 소개된 기증병, 약과, 정과는 한국인의 대표 떡과 과자이다. 흑탕법은 엿기름물에 뜨거운 밥을 같이 삭혀 오랜 시간 다려 검은색이 나도록 만든 검은 엿을 말한다.

나무 함지 _ 나무로 우묵 파이고 양옆에 귀가 달리거나 귀가 없이 넓적한 통을 함지라 부른다. 조리를 할 때 쓰거나 마른 것을 담을 때 쓴다. 나무라 물기가 있는 것은 담지 않으며 쌀가루, 밀가루 등에 물을 주거나 반죽을 할 때 사용한다. 원형 또는 직사각형으로 만들며 깊지 않아야 양손이 들어가 작업을 할 수 있다. 함지는 소나무나 피나무를 통으로 파서 만든다.

起蒸餅 · 기증병 (증편)

白米細末 以起酒和濃淡如造櫟[1] [俗云 加乙餅] 末和水例[2] 用花籠[3]布沙櫟抱置之 厚一寸許 其上用烹栗細切 實柏子 楸子細裂 乾柿 石茸 去核大棗等物 雜散置之 又置橋如是如是如蒸双花例熟蒸 幷布出 置案[4]上 淸蜜煎去滓 塗餠上

멥쌀은 가루를 곱게 내어 기주를 섞는데 그 농도는 조악(반죽) 정도로 한다. [보통 갈병이라 한다.]
가루와 물을 섞어 안칠 때 화롱(광주리)에 보자기를 깔고 사기 접시로 (반죽을) 떠 3cm 두께가 되도록 펴놓는다. 찔 때 밤은 채 썰고 잣과 호두는 작게 쪼개고 건시, 석이, 씨를 뺀 대추 등을 섞어 떡 위에 뿌린다.

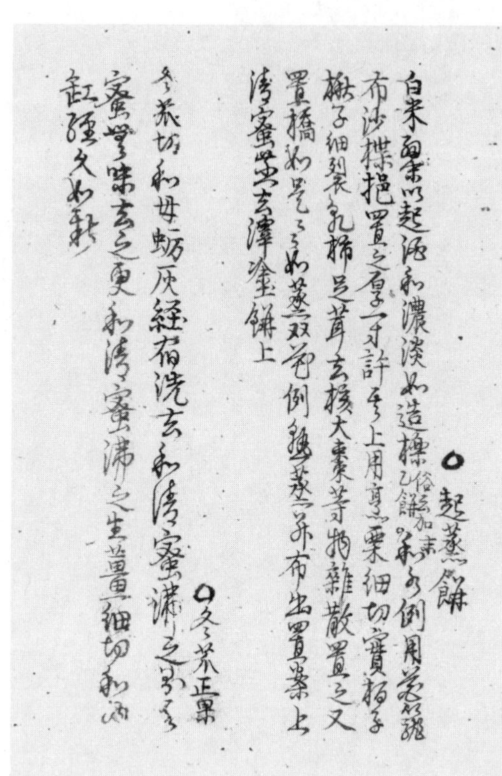

1 造櫟(조역): 조악의 처음으로 생각됨
2 例(열): 안치다
3 花籠(화롱): 상화를 찔 수 있는 채반 같은 틀
4 案(안): 찜들을 올릴 수 있는 안반

걸치개를 앞의 방법과 같이 놓고 상화를 안쳐 푹 찐다. 보자기째 꺼내 안반 위에 놓고 꿀을 달여 찌기를 없앤 맑은 꿀을 떡에 바른다.

冬苽正果 · 동과정과

동아정과

冬苽切和毋蠣灰[1] 經宿洗去 和淸蜜沸之 則其蜜無味去之 更和淸蜜沸之 生薑細切 和納缸 經久如新

동아를 썰어 굴 껍데기를 태운 재에 버무려 하룻밤 재웠다가 씻는다. 꿀을 섞어 끓인 후 그 물은 맛이 없으니 버리고, 다시 꿀을 넣고 끓인 후 생강을 가늘게 썰어 (동아에) 섞어 항아리에 담는다. 오래 두어도 새로 한 것과 같다.

黑湯法 · 흑탕법

검은엿 만들기

麰麥多少勿論 洗淨去沙 沈水三日 洒出 掃地 鋪空石列置 又覆空石 每日均洒水 兩三日 生芽半寸長 曝去細末
白米一斗 洗淨 沈一宿 洒出爛蒸 湯水一盆 先入瓮 蒸米不歇氣 初夜[2]入瓮 麰麥芽末[3]二升 冷水一鉢 和入其瓮 以木回和合 堅封 置溫處 厚裹 過一夜 翌日曉頭 其味甘如蜜 去滓 取水盛釜 煮湯終日 其皃[4]如膠爲度 取出 乾則爲黑湯 自黑湯 熟時始作相引 其色雪白爲度 是謂白湯 其相引時 實荏子胡椒末幷入 其味極妙 大麥二斗 長芽三斗四升

겉보리를 분량에 상관없이 깨끗이 씻어 모래를 제거하고 3일 동안 물에 담갔다 씻어 건진다. 땅을 쓸고 빈 가마니를 깐 후 여기에 (겉보리를) 가지런히 늘어놓고, 다시 가마니를 덮어 매일 물을 고루 뿌린다. 6일이 지나 싹이 1.5cm 길이 정도로 자라면 햇볕에 말려 (껍질을) 없애고 곱게 가루를 낸다.
백미 1말을 깨끗이 씻어 하룻밤 물에 담가 씻어 건져 푹 찐

1 毋蠣灰(모려회): 굴 껍데기를 높은 온도에서 태워 빻은 가루
2 初夜(초야): 밤중부터 이튿날 아침까지를 일컬음. 지금은 초저녁
3 麰麥芽末(모맥아말): 엿기름가루
4 皃(모): 모양, 표면, 외견

다. 끓는 물 1동이를 항아리에 붓고 찐 밥을 뜨거운 기가 빠지지 않게 하여 초저녁에 항아리에 넣는다. 엿기름가루 2되를 찬물 1사발에 섞어 찐밥을 담은 항아리에 넣고 나무 주걱으로 저어 섞은 후 단단히 봉한다. 따뜻한 곳에 항아리를 두고 두껍게 싸 하룻밤을 둔다.
다음 날 새벽에 꿀과 같이 단맛이 나면 찌꺼기를 거르고, 물만 받아 솥에 부어 하루 종일 끓인다. 이것을 아교처럼 될 때까지 (끓여) 꺼내 말리면 '흑탕'이 된다. 흑탕이 뜨거울 때 잡아당기기 시작하여 그 색이 눈처럼 하얗게 될 때까지 잡아당긴 것을 '백탕'이라고 한다. 서로 당기는 과정에서 실깨와 후춧가루를 함께 넣으면 그 맛이 아주 좋다. 보리 2말이면 엿기름이 3말 4되가 된다.

藥果造法 · 약과조법 약과 만드는 법

凡爲造藥果 皆黃炒眞末一斗 淸蜜一升五合 眞油五合 和交造之 煎之 淸蜜汁攄去 極軟太甘

약과를 만들려면 누렇게 볶은 밀가루 1말, 꿀 1되 5홉, 참기름 5홉을 함께 섞어 빚어 (기름에) 지진다. 꿀물에 넣었다 건져내면 (맛이) 매우 연하고 달다.

○黑湯法 麰麥多少勿論洗淨去沙泥於三日洒出掃地鋪空石列置又覆空石每日均洒水兩三日生芽半寸長曝去細末白米一斗洗淨沉一宿洒出爛蒸湯水一盆先入瓮蒸米不歇氣初夜入瓮麰麥芽末二升冷水一鉢和入於瓮以木回和合堅封置溫處厚裹之一夜翌日曉頭於味甘如蜜去滓取水煮於釜煮大湯終日於見如膠為度取出乳之為黑湯 自黑湯熟時始作相引於色雪白為度是謂白湯於相引時實荏子胡椒末并入於味極妙

大麥二斗 去芽三斗四升

藥果造法

凡為造藥果

皆黃炒眞末一斗淸蜜一升五合眞油五合和交造之黑之淸蜜汁摠去極軟太甘

재료 마련법

평소 음식을 만들려면 미리 곡식은 껍질를 벗기고 가루를 만들어야 하고, 제철 채소는 말리거나 소금에 짜게 절여두어야만 한다. 재료 마련법은 총 7종으로 조녹두말, 개즙, 치염, 염강, 우방연법, 장가와 장과 조리법 등이 기록되어 있다. 당시에는 녹두를 타개어 맷돌에 갈아 전분을 받아두고 여러 음식을 만들 때 재료 겉면에 묻히거나 걸죽한 즙을 만드는 데 많이 썼다. 녹말 만드는 법은 초기 조리서에서 많이 나타난다. 특히 이 책에는 지저분한 소금을 깨끗이 만들어 쓰는 법을 소개한 것이 특징이다. 채소를 저장하거나 단단한 채소를 연하게 해서 먹는 법도 기록되어 있다.

채반 _ 채반은 대나무, 버들가지, 싸릿가지 등으로 우묵한 소쿠리와 다르게 넓적하고 둥글게 만들어 쓴다. 주로 나물을 말리거나 국수사리를 올려놓거나 전이나 부침을 올려놓는다. 물기가 아래로 빠지게 하고, 아래위로 공기가 통해 말려지고 물기가 안 돌게 하는 조리 용구이다.

○造菉豆末

菉豆乙簸揚乾磨浸潤去皮細磨每菉豆二斗用油二合有泡漉以布袱更下絹篩出置瓮去蓋經宿末凝於下而清於上傾注去而乾而用之爲色黃更洗布罨於去而乾之

○芥汁

芥子淘洗乾須爲舂爲末布篩之一盞云 油小許及醋須塩 和而盛石子塗盛 襟內之 烔乾 後温而注之浸有頃去 每更濾之用清醋 茶醋 用

造菉豆末 · 조녹두말 녹두녹말 만들기

菉豆簸揚 乾磨浸潤 去皮細磨 每菉豆二斗 用油二合 宿泡漉以布帒更下綃篩[1]盛瓮 去盖經宿 末凝於下 水淸於上 傾注去水乾而用之 若色黃 更洗 布裹去水乾之

녹두를 (키로) 까불러 (껍질을) 날리고 맷돌에 타서 물에 가라앉혀 껍질을 제거하고 다시 곱게 간다. 녹두 2말에 기름 2홉을 넣어 하룻밤 재우고 거품을 가라앉힌 후, 포대에 거르고 깁체에 다시 내려 항아리에 담는다. 뚜껑을 덮지 않은 채로 하룻밤 두면 가루는 밑에 엉기고 위의 물은 말갛게 되는데, 항아리를 기울여 물을 따라내고 말려서 쓴다. 만약 색이 누르면 다시 씻어 보에 싸서 물기를 제거한 후 말린다.

芥汁 · 개즙 겨자즙

芥子淘洗乾 須細舂 細苧布篩之 熟眞油小許暫有鹽氣和水之厚塗沙楪內□枂乾後 溫水注浸 有頃 去水 毋更漉之 用淸醬好□用

겨자씨를 일어 씻어 말려서 절구에 곱게 빻아 고운 모시 체에 내린다.
참기름을 조금 넣고 소금을 약간 넣어 물과 섞는다. 사기 대접 안에 두껍게 바르고 마르면 따뜻한 물을 부어 잠깐 두었다가 물을 따라내고 다시 거르지 않는다. 청장을 쓰면 좋다.

1 綃篩(초사): 깁체, 가루를 곱게 내릴 수 있는 비단체

治鹽 · 치염

고운 소금 내는 법

鹽和水 漉去滓 以匙數攪 極乾煎之 則色白柔細

소금을 물에 타 찌꺼기를 거르고 숟가락으로 수없이 저어 바짝 마를 때까지 달인다. 색이 희고 부드러우며 곱게 된다.

鹽薑 · 염강

생강소금절임

生薑洗去皮 作片着鹽 待乾 投淨水 卽去水 勿令潤 塗以白眞末

생강을 씻어 껍질을 벗기고 조각 내어 소금을 묻힌 후 마르

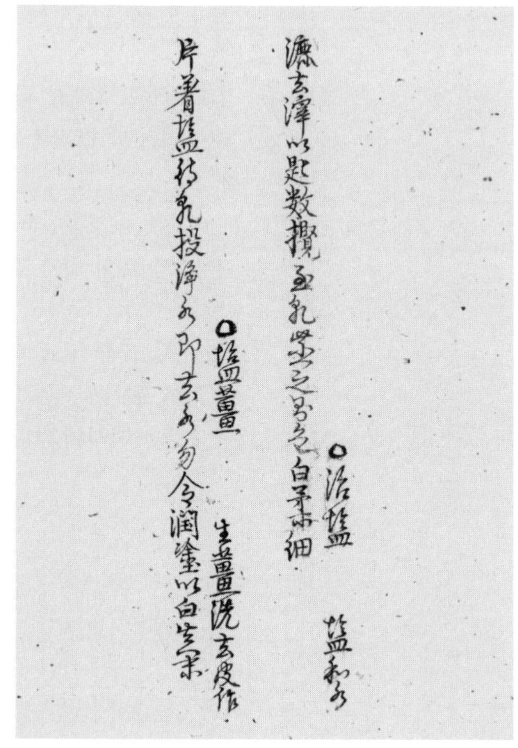

기를 기다린다. 맑은 물에 집어넣었다가 (꺼내) 물기를 없앤다. 생강이 축축해지지 않도록 흰 밀가루를 바른다.

牛芳軟法 · 우방연법

우엉을 연하게 하는 법

於鼎火 置木四五介 乃置牛芳 水半鉢 熟香油一匙和注 以水盡爲限烹之

솥을 불에 올리고 나무 막대 4~5개를 놓은 다음 그 위에 우엉을 놓는다. 물 반 사발에 참기름 1숟가락을 섞어 붓는다. 그 물이 없어질 때까지 삶는다.

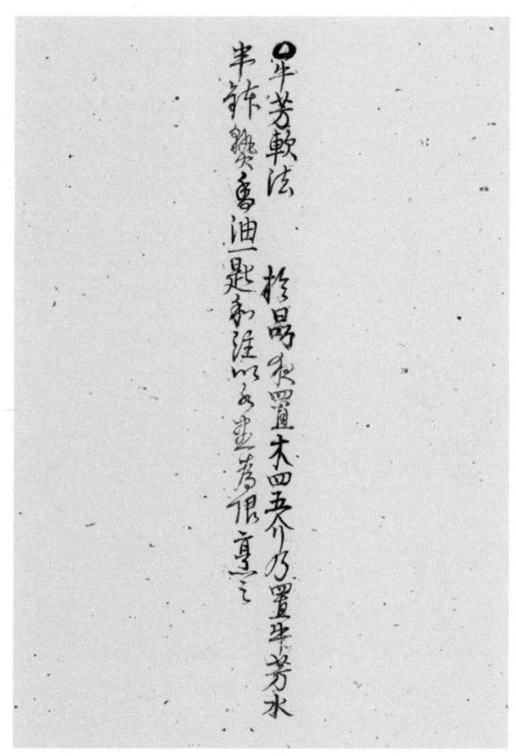
牛芳軟法 於鼎火置木四五介乃置牛芳水
半鉢熟香油一匙和注以水盡爲限烹之

藏茄 · 장가 가지 저장법

霜前帶蔕摘取 瓮中盛灰 將茄子先下蔕盛之 又以灰過半埋之 置宇中 則色取久不變

서리가 내리기 전에 꼭지가 달린 채로 가지의 대를 꺾는다. 항아리에 재를 담고 가지의 꼭지가 밑으로 가도록 박으면서 담는다. 또다시 가지의 반이 묻히도록 재를 넣는다. 움에 두면 오래돼도 색이 변하지 않는다.

藏苽 · 장과 오이 저장법

童子靑苽介介 埋置於鹽中 當用沒於折灰水 則退醎 雖過冬 若炙若炒 皆無於節勿

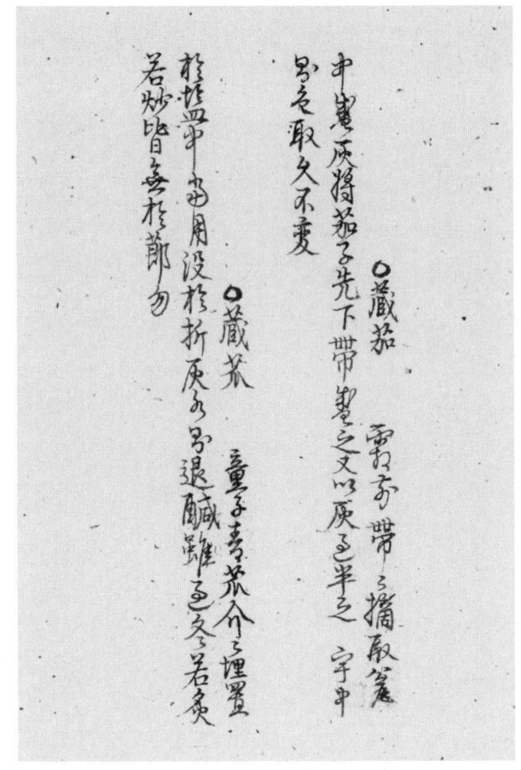
○藏茄 霜前帶々摘取瓮
中盛灰將茄子先下帶盛之又以灰過半之 宇中
則色取久不變
○藏苽 童子青苽介々埋置
於鹽中當用沒於折灰水則退醎雖過冬若炙
若炒皆無於節勿

어린 오이를 낱낱이 소금에 파묻어 둔다. 쓸 때는 잿물에 담가 짠맛을 뺀다. 겨울이 지나 적으로 하거나 볶아도 계절 상관없이 쓸 수 있다.

養蜜蜂方 · 양밀봉방 꿀벌 기르는 법

桶內不甚廣闊 使平正 桶下數數掃之 則蜂安心久留矣 桶木橡木最佳 蜂喜接橡木故耳 若以遠處桶持來 則以袱包裹 至夜開袱置可也 稚蜂初收時 或蒿笠 或橡皮 付於羣聚之傍 以艾草作帚掃蜂 則皆自入末應德[1]矣 又以水噀之 則蜂翅濕而不飛矣 於是陰陽相半處 先置 其臺石木 置蜂桶於其上 將付蜂末 應德於桶上端覆之 陶黏土閉封 時時徐徐傾擧 桶下端 掃其塵埃 蛛蟻之害蜂

冬初取蜜時 桶上端末應德撤去 上以觀蜜之多小 下以亦觀其蜜之虛實 然後成蜜處 酌置二周尺許 其餘桶上蜜 沙楪盡取剝橡木皮 如前覆桶上端 黏土閉之可也 且成蜜處 滿一周尺 則全不取以爲蜂食 不滿一尺 則雖存蜂死 盡取亦可 取蜜後 右蜜注于鼎鐺 燒橡木與杻木 令蜂窠消融沸之 以麤布去滓 至於冷 則蜜上黃蠟凝堅 以匙徐擧其蠟 隨宜出之 煮蜜時 燒松木與雜木 則蠟盡消無餘矣 蜜更以綿子去滓 則蜜淨而無滓矣 蠟則更使消融 綿子去滓 于冷水上蠟冷而易凝堅矣 此正當作片之時也 欲令蜜色白 則取七八月間 造蜜色與蜂窠 俱白盛器 上篩於夜間置於庭中 則篩上之蜜 自然盡下於器矣 其後以柳木作片 木攪之 使蜜色至白 然後已之爲妙 蜜陳二年則(黑) (蜜)陳一年則甚黃 收蜜後 桶側置 以防成虫 蜜陳則成虫而蜂或亡去 或自損矣

벌통 안을 그리 넓지 않고 평평하고 바르게 해서 쓴다. 벌통 밑을 자주 청소하여야 벌이 안심하고 오래 머문다. 벌통 나무는 상수리나무가 가장 좋은데, 벌이 상수리나무에 접하기를 좋아하기 때문이라고 예부터 전해온다. 만약 먼 곳에서 벌통을 가져올 경우에는 보자기를 씌워 옮겨와 (그대로 씌워 두었다가) 밤에 보자기를 풀어둔다.

어린 벌을 처음 모을 때는 쑥으로 만든 삿갓이나 상수리나무

1 末應德(말응덕): 멍덕. 벌통 위를 덮는 재래식 뚜껑. 짚으로 틀어서 바가지 비슷하게 만든다.

付蜂束鴈塗而桶上端覆之陶黏土閉封時
之縫之傾風氣桶下端摘而蓋換蛛蠓之害蜂
冬初取蜜時桶上端末之鴈塗撤去上所覆蜜
之多少下以之觀而之蜜之去有實然後采蜜
酌置二周尺許而之餘桶上蜜汝採而取剝
樣木皮如前覆桶上端黏土閉之一可也且其
蜜虫之內蜂一周尺以全不取以爲蜂食不滿一尺
則蜂存蜂死而取之可取蜜後右之蜜注
于鼎鐺燒樣木只橯木合蜂窠消融滯
之以麤布去滓而於冷則蜜上黃蠟凝堅
以匙條風氣而之蠟隨宜出之者無蜜蜂窠燒煉於木
之雜木則蠟出消之餘之蜜更以綿子
去滓則蜜淨而無滓之蠟則更使消融
綿子去滓于冷而上蠟冷而易凝蜂蜜之法
正當四伏片之時也則令蜜之白則取七八月
間造蜜之蜂窠俱白如雪上而歸於秋
間置於庭而則歸上之蜜自然出下
而置之而後以柳木作片木攪之使蜜
之色白然後已之以而蜜陳之事則男
陳一手則深黃 收蜜後桶仍置以防虫盖蜜陳則蜂虫而蜂亦去自換之

껍질로 만든 갓을 벌 떼가 모여 있는 가까이에 붙여두고, 쑥으로 빗자루를 만들어 벌을 쓸면 저절로 멍덕에 들어간다. 또 물을 입에 머금어 뿜으면 날개가 젖어 날지 못하는데, 그때 볕과 그늘이 반반씩 드는 곳에 먼저 돌받침대를 놓고 나무를 놓아 벌통을 그 위에 두고 벌 멍덕을 통 맨 위에 붙여 덮는다. 점토를 발라 밀봉하고 때때로 통 밑을 천천히 기울여 들어 티끌이나 거미, 개미같이 벌을 해치는 것을 쓸어준다.

초겨울에 꿀을 채취할 때는 벌통 위의 멍덕을 철거하여 위에서는 꿀의 다소(많고 적음)를 보고, 아래(밑)에서도 그 꿀의 허실(많고 적음을)을 본 연후에 사기 접시로 모두 취하여 상수리나무 껍질을 전처럼 벌통 위에 덮고 점토로 봉해야 한다.

그리고 꿀이 모여 있는 곳이 주척(周尺)으로 30cm 정도면 꿀을 전혀 취하지 않고 그것을 벌들이 먹을 수 있게 둔다. 꿀이 1자(30cm)가 안 될 때에는 그 꿀을 두어도 벌이 죽기 때문에 꿀을 모두 채취해도 된다.

채취한 꿀을 노구에 부어 상수리나무와 감탕나무로 불을 때어 벌집이 녹도록 끓인 다음 거친 면포로 찌꺼기를 거르고 식히면 꿀 위에 노란 밀랍이 딱딱하게 굳는데, 숟가락으로 가만히 그 밀랍을 들어서 편리한 대로(편의에 따라) 꺼낸다.

꿀을 끓일 때 소나무나 잡목으로 불을 때면 밀랍이 모두 소멸되고 남는 것이 없다. 다시 면포로 찌꺼기를 제거하면 꿀이 깨끗해지고 찌꺼기가 없다. 밀랍을 다시 녹여 면포로 찌꺼기를 제거한 후 냉수 위에 두는데 위의 밀랍은 식으면 쉽게 응고된다. 이때 편을 만들어야 한다. 꿀은 7~8월에 채취하여 만들면 꿀 색깔과 벌집이 모두 희다. (꿀과 벌집이 모두 흰 것을) 그릇에 담아 체에 밭쳐 밤사이 뜰에 두면 체 위의 꿀이 자연히 그릇에 떨어진다. 그 후에 버드나무로 편목을 만들어 저어 꿀 색깔이 하얗게 된 후에 그만두는 것이 좋다. 꿀이 2년 묵으면 검어지고 1년 묵으면 진한 황색이 된다.

꿀을 거둔 후 통을 뒤집어두어 성충을 방지한다. 꿀을 채취하지 않고 그대로 두면 성충이 되어 벌이 도망가거나 저절로 줄어든다.

술 — 酒方文

술은 유교를 바탕으로 하는 한국인의 식문화에서 각 집안마다 필수적인 것으로 사시사철 술을 담가야만 했다. 술은 총 44종이 기록되어 있으며 제조 방식에 따라 분류하면 한 번 빚은 술인 단양주는 이화주가 있고, 이양주는 20종으로 세신주, 별세신주사절통용, 벽향주1, 두강주2, 이미주, 정향주, 녹파주, 하양주, 혜향주, 하향주, 하별조주, 하양좌청주, 절주법, 과하주, 삼두주, 예주법, 하일불산주, 모주, 사절통용육두주, 육두주사절통용이 있다. 세 번 빚는 삼양주는 6종으로 삼해주, 두강주1, 벽향주2, 오두주, 구두주, 십두주가 기록되어 있다. 또 술을 빚은 지 1주일 이내 쓰는 속성주는 7종으로 일일주, 삼일주1.2.3, 하일주, 하일절주, 열시주가 있다. 누룩이나 엿기름가루를 이용한 감주법 3종이 소개되었다.

누룩 틀 _ 술 만들기의 주재료는 누룩이다. 누룩 틀은 단단한 나무틀이나 종이끈으로 둥글고 단단하게 하여 아래위가 뚫려 있게 틀을 만든다. 누룩은 보리, 밀, 쌀을 부숴 누룩 틀에 넣고 꼭꼭 눌러 곡자(발효제)를 만든다.

○三亥酒方 正月初亥日粘米一升百洗作末作粥
粥出待冷麯末一升眞末一升和合入瓮置不寒不
暖處次亥日白米粘米各一斗百洗作末作餅熟烹之其
餅本細列衣打搗待冷出前本和入瓮尾次三亥日白米粘
米各三斗百洗作末餅作熟烹之待冷餅之細列衣打搗待冷
本酒和入瓮尾四月可待清用之 若無粘米則第三度白米不妨 粘米略小亦不妨○亦是釀時只用
爲把冷手也故釀瓮使人之手洗日以湯洗之○白米大多○好者爲釀則酒本無 小加備爲可

三亥酒方 · 삼해주방

正月初亥日 粘米一升百洗作末作粥暴鼎而出 待冷 麯末一升 眞末一升和合入瓮 置不寒不暖處 次二亥日 白米粘米各一斗 百洗作末作餠 熟烹其餠水[1]三四量盡數細裂打均 待冷 出前本[2]和入瓮 次三亥日 白米粘米各二斗百洗作末作餠 熟烹其餠水 細裂打均 待冷 本酒和入瓮 四月間待淸用之

[若無粘米則第二三度白米不妨 粘米略小亦不妨 所忌釀時與用爲犯冷水也 故釀瓮與人之手 皆以湯水洗之 白米大可 如欲多釀則酒本亦小加備爲可]

정월 첫 해일에 찹쌀 한 되를 여러 번 깨끗이 씻어 (물에 담가 하룻밤 불렸다가) 가루를 낸 후, 솥에 푹 끓여 죽을 쑤어 (그릇에) 퍼 낸다. (죽이) 식기를 기다렸다가 누룩가루 1되와 밀가루 1되를 섞어 항아리에 넣고 춥지도 덥지도 않은 곳에 둔다.

두 번째 해일(亥日)에 멥쌀과 찹쌀 각 1말을 백 번 씻고 또 씻어 (물에 담가 하룻밤 불렸다가) 가루를 내어 떡을 빚어 푹 삶은 다음(孔餠, 구멍떡), 떡 삶은 물 3~4(사발)이 다할 때까지 삶아 낸 떡을 가늘게 찢어 고루 치대어 (한 덩어리가 되게 만들어) 식기를 기다린다. 먼저 빚은 밑술(前酒)을 고루 버무려 항아리에 담는다.

또 세 번째 해일에 멥쌀과 찹쌀 각 2말씩을 여러 번 깨끗이 씻어, (물에 담가 하룻밤 불렸다가) 가루를 내어 떡을 만들어 푹 삶은 다음, 떡 삶은 물에 가늘게 찢어 고루 치대 (한 덩어리가 되게 만들어) 식기를 기다렸다가 덧술(本酒)과 고루 버무려 항아리에 담는다.

사월에 맑기를 기다려 쓴다.

[만약 찹쌀이 없다면 두 번, 세 번 더 찧은 멥쌀도 괜찮다. 찹쌀이 약간 적어도 무방하다. 다만 금해야 하는 것(은) 술 빚을 때 날물기가 들어가지 않아야 한다. 따라서 빚을 때 쓰는 용기와 사람의 손은 모두 뜨거운 물로 씻어야 한다. 멥쌀이면 더욱 좋다. 만약 많이 빚고 싶으면 처음 빚는 주본(酒本)도 조금 더 준비하는 것이 좋다.]

1 其餠水: 그 떡(餠) 삶은 물
2 전본(前本): 밑술

細辛酒 · 세신주

白米五斗百洗爲末 水十斗和作粥 待冷 麴一斗和入瓮 又白米十斗百洗 春秋五日 夏四日 冬七日豫沈 朝夕改水 全蒸水五斗洒之重蒸(極)甚爛 待冷 麴五升出前酒和入瓮 待淸用之

멥쌀 5말을 여러 번 깨끗이 씻어 (물에 담가 하룻밤 불렸다가) 가루를 낸 후 물 10말에 고루 섞는다 죽을 쑤어 식기를 기다렸다가, 누룩 1말과 고루 버무려 항아리에 담는다.
또 멥쌀 10말을 여러 번 깨끗이 씻어 봄·가을에는 5일, 여름에는 4일, 겨울에는 7일 동안 미리 물에 담가두고, 아침저녁으로 물을 갈아가며 3일 후 온전히 익게 쪄서(무르게 쪄서) 물 5말을 부어 한 번 더 찐다. (이것을) 매우 부드럽게 익히고 식기를 기다렸다가 누룩 5되와 밑술(前酒)을 내어 고루 버무려 항아리에 담고 익어서 맑게 가라앉기를 기다려 쓴다.

* 「계미서」의 '세신주'는 덧술의 쌀물을 아침저녁으로 두 차례 바꾸어 주면서 4~7일간 침지하고, 다시 3일 후에 두 차례에 걸쳐 고두밥을 찌는데, 두 번째 찔 때 살수물을 5말이나 사용한다. 이러한 세신주의 양주 방법은 「계미서」의 기록이 유일하다.

三斗酒 · 삼두주

白米一斗 百洗爲末 水二斗五升和作粥 待冷 匊一升五合和入瓮 夏三日 冬五日 又白米二斗 百洗沈水一日 全蒸 待冷 出前酒眞末三合和入瓮 七日後用之 蒸前匊汁和作粥入瓮 待三日用之
[多少以此量加]

멥쌀 1말을 여러 번 깨끗이 씻어 (물에 담가 하룻밤 불렸다가) 가루를 내어 물 2말 5되를 섞어 죽을 쑤고, 싸늘하게 식기를 기다렸다가 누룩 1되 5홉을 고루 버무려 항아리에 담는다. 여름에는 3일, 겨울에는 5일간 (술이 익기를 기다린다).

또 멥쌀 2말을 여러 번 깨끗이 씻어 하루 동안 물에 담가 불린 다음 온전히 익게 쪄서(무르게 쪄서) 싸늘하게 식기를 기다렸다가, 전주(前酒)를 꺼내 밀가루 3홉과 함께 섞고 고루 버무려 항아리에 담는다. 7일 후에 쓸 수 있다. 고두밥을 찌기 전에 누룩즙에 죽을 섞어 항아리에 담아두고 3일을 기다리면 쓸 수 있다.
[그 양의 많고 적음을 감안한다.]

* 죽으로 하는 주방문의 경우 쌀 양은 2말로 추측되나, 누룩물을 만들 때의 물 양과 누룩의 양이 언급되어 있지 않다.

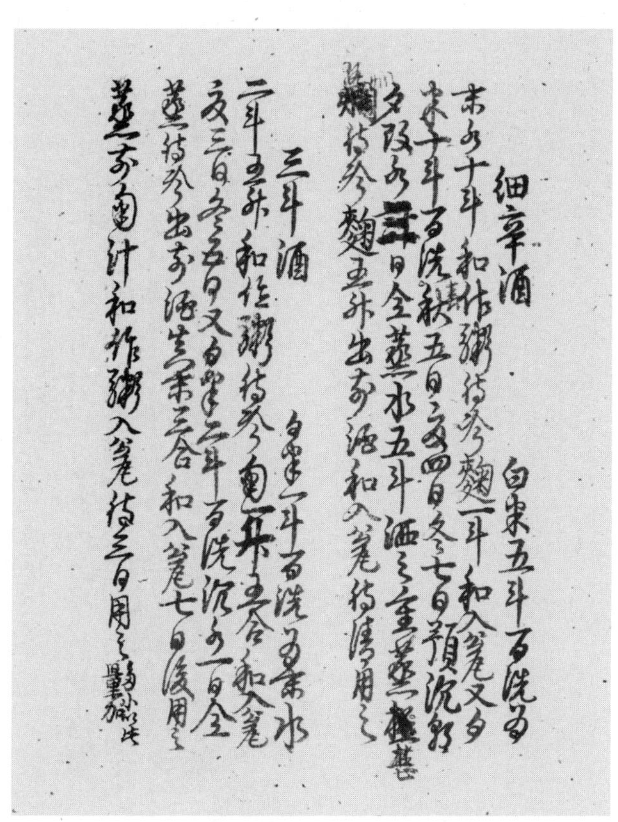

五斗酒 · 오두주

[米五斗 水亦五斗三合 麴五升]

白米一斗百洗爲末 水一斗三升三合作粥 待冷 麴一升七合和入瓮 七日後 白米二斗七升百洗爲末 水一斗七升和作粥 待冷 麴三升三合出前酒和入瓮 又七日後 白米一斗三升 水二斗酒之全蒸 無麴 不歇氣入瓮 待淸用之

[멥쌀 5말, 물 5말 3홉, 누룩 5되.]

멥쌀 1말을 여러 번 깨끗이 씻어 (물에 담가 하룻밤 불렸다가) 가루를 내어 물 1말 3되 3홉과 섞어 죽을 쑨다. 싸늘하게 식기를 기다렸다가 누룩 1되 7홉을 넣고 고루 버무려 항아리에 담는다.

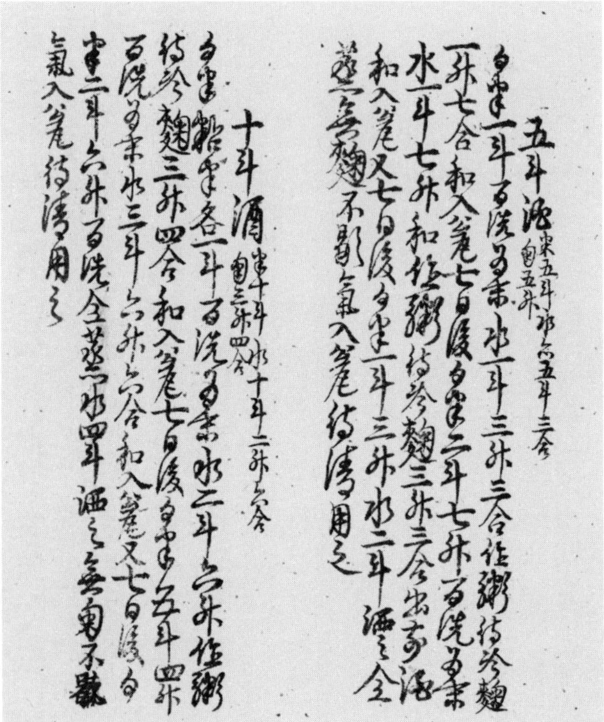

7일 후에 멥쌀 2말 7되를 여러 번 깨끗이 씻어 (물에 담가 하룻밤 불렸다가) 가루를 내어 물 1말 7되를 섞고 죽을 쑤어 식기를 기다린다. 누룩 3되 3홉과 전주(밑술)를 꺼내 섞고 고루 버무려 항아리에 담는다.

다시 7일 후에 멥쌀 1말 3되를 (여러 번 깨끗이 씻어 물에 담가 하룻밤 불렸다가) 온전히 익게 쪄서(무르게 쪄서) 물 2말을 뿌리고 뜸을 들여 익히되, 누룩이 없이 김이 나가지 않게 (밀봉하여) 밑술 항아리에 넣고 (고루 섞어 휘저어 두고) 맑아지길 기다렸다가 쓴다.

十斗酒 · 십두주

[米十斗 水十斗二升六合 匊三升四合]

白米粘米各一斗百洗爲末 水二斗六升 作粥 待冷 麴三升四合和入瓮 七日後 白米五斗四升百洗爲末 水三斗六升六合和入瓮[1] 又七日後 白米二斗六升百洗全蒸水四斗洒之 無匊不歇氣入瓮 待淸用之

[쌀 10말, 물 10말 2되 6홉, 누룩 3되 4홉.]

멥쌀과 찹쌀 각 1말을 여러 번 깨끗이 씻어 (물에 담가 하룻밤 불렸다가) 가루를 내어 물 2말 6되를 고루 섞고 죽을 쑤어 식기를 기다린다. 누룩 3되 4홉을 고루 버무려 항아리에 담는다.

7일 후에 멥쌀 5말 4되를 여러 번 깨끗이 씻어(물에 담가 하룻밤 불렸다가) 가루를 내어 물 3말 6되 6홉과 섞어 항아리에 넣는다.

다시 7일 후 멥쌀 2말 6되를 여러 번 깨끗이 씻어 물에 담가 하룻밤 불렸다가 온전히(무르게) 익도록 찌되, 물 4말을 골고루 뿌려 (뼈 없이) 쪄 내고 누룩 없이 밑술과 버무려 항아리에 담은 후 김이 나가지 않게 (밀봉하여) 맑아지면 쓴다.

1 '水三斗六升六合和入瓮' 설명에는 덧술 과정 중 쌀을 익히는 방법에 대한 언급이 없다. 생쌀가루를 그대로 사용하는 것인지, 밑술에서와 같이 끓여서 죽을 쑤는 것인지 불분명하다.

夏日不酸酒 · 하일불산주

[米二斗 匊一升五合 水則不云]

白米一斗百洗爲末作餠烹 待冷 麴一升五合和入瓮 七日後 白米一斗百洗全蒸 置槽中湯水和飯 待冷 出前酒和入瓮 待熟用之

[쌀 2말, 누룩 1되 5홉, 물(양)을 정하기 어렵다.]

멥쌀 1말을 여러 번 깨끗이 씻어 (물에 담가 하룻밤 불렸다가) 가루를 내어 떡을 만들어 삶아 싸늘하게 식기를 기다린다. 누룩 1되 5홉을 한데 섞고 고루 버무려 항아리에 담는다.

7일 후에 멥쌀 1말을 여러 번 깨끗이 씻어 (물에 담가 하룻밤 불렸다가) 온전히 익게(무르게) 쪄서 술주자에 퍼 담고, 끓는 물을 부어(고두밥이 물을 먹어서) 밥처럼 되면 식기를 기다린다. 밑술(前酒)을 퍼내 고루 버무려 항아리에 담고 익기를 기다렸다가 쓴다.

熱時酒 · 열시주

더울 때 마시는 술

[米三斗三升 匊三升 水不云[1]]

白米三升百洗爲末作餠烹.待冷 麴三升和入瓮 二宿 白米三斗百洗爲末作醅 待冷 出前酒和入瓮 待兩三日[2]後用之

[쌀 3말 3되, 누룩 3되, 물(양)을 정하기 어렵다.]

멥쌀 3되를 여러 번 깨끗이 씻어 (물에 담가 하룻밤 불렸다가) 가루를 내어 떡을 만들고, 삶은 후 식기를 기다린다. 누룩 3되와 한데 섞고 고루 버무려 항아리에 담는다.

2일을 지낸 후 멥쌀 3말을 여러 번 깨끗이 씻어 (물에 담가 하룻밤 불렸다가) 가루를 내어 술밑(醅, 술거리)을 만들고 싸늘하게 식기를 기다린다. 밑술(前酒)을 퍼내어 한데 섞고 고루 버무려 항아리에 담은 후 6일이 지나 사용한다.

1 밑술과 덧술 두 차례에 걸쳐 사용되는 물의 양에 대한 언급이 없다. 또한 '작병(作餠)'이라고만 하였을 뿐, 그것이 구멍떡인지 물송편인지 정확히 알 수 없으나, 삶는다고 하였으므로 편의상 구멍떡으로 보는 것이 합당할 것 같다.

2 兩三日: 6일

熟時酒 米三斗三升 麴三升 水不云

白米三升百洗作末作餠烹之待冷麴三升
和入瓮二宿白米三斗百洗作末作醅待冷
出前酒和入瓮待兩三日後用之

夏日不酸酒 米二斗 麴一升五合 水不云

白米一斗百洗作末作餠烹之待冷麴一升五
合和入瓮七日後白米一斗百洗全蒸冷置槽
中湯水和待微冷出前酒和入瓮待熟用之

白米二斗百洗浸水 三日後 細末熟蒸 沸湯水[1]四斗和交合 待冷 好匊末四升和合入瓮 三四日後 又二次白米四斗百洗浸水 三日後 熟全蒸 沸湯水二斗和.待冷 匊末二升出本酒和合入瓮 二七日後用之 雖久其味如初

멥쌀 2말을 여러 번 깨끗이 씻어 물에 담가 불렸다가 3일 후 가루를 내어 무르게 찌고, 끓는 물 4말을 고루 섞은 후 식기를 기다린다.

여기에 좋은 누룩가루 4되를 섞고 고루 버무려 항아리에 담고, 3~4일 후에 다시 2차로 멥쌀 4말을 여러 번 깨끗이 씻어 물에 담가 불린다, 3일이 지나 온전히 무르게 쪄 끓는 물

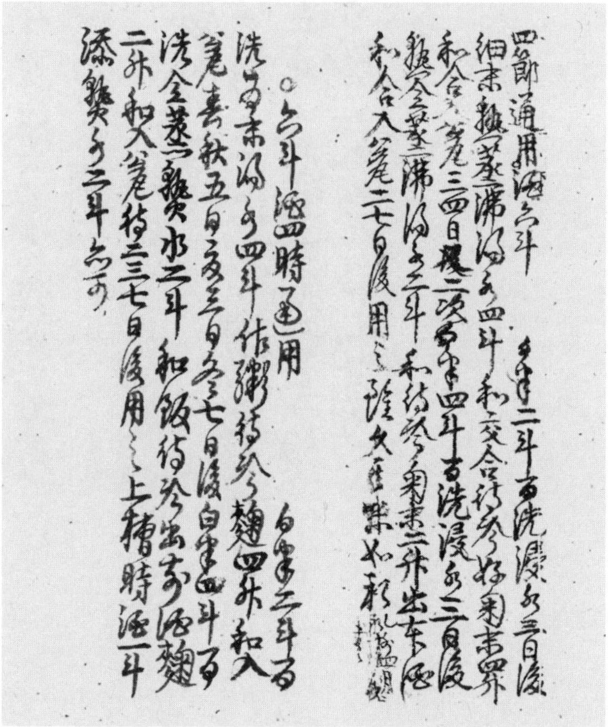

1 沸湯水(비탕수): '팔팔 끓는 물'로 해석

2말과 섞은 후 식기를 기다린다. 누룩가루 2되와 먼저 빚은 술(本酒)을 퍼내 한데 섞고 고루 버무려 항아리에 담고 14일 후에 쓴다.
비록 오래되어도 그 맛이 처음과 같다.

六斗酒 四時通用 · 육두주 사시통용 2

白米二斗百洗爲末 湯水四斗作粥 待冷 麴四升和入瓮 春秋五日 夏三日 冬七日後 白米四斗百洗全蒸 熟水[1]二斗和飯 待冷 出前酒麴二升和入瓮 待二三七日後用之 上槽時 酒一斗添熟水二斗亦可

멥쌀 2말을 여러 번 깨끗이 씻어 (물에 담가 하룻밤 불렸다가) 가루를 내어 끓는 물 4말로 죽(범벅)을 쑤고 식기를 기다린다. 누룩 2되를 섞고 고루 버무려 항아리에 담는다.
봄·가을이면 5일, 여름이면 3일, 겨울이면 7일 후에 멥쌀 4말을 여러 번 깨끗이 씻어 (물에 담가 하룻밤 불렸다가) 온전히 익게 찐다. 끓여서 차게 식힌 물 2말을 고두밥에 골고루 섞고 식기를 기다린 후 밑술을 퍼내어 누룩 2되와 한데 섞고, 고루 버무려 항아리에 담는다. 14~21일이 지나면 쓴다. 술주자에 담아 거르는데, 술 1말이면 끓여서 차게 식힌 물 2말을 보태도 된다.

1 熟水(숙수): '끓여서 차게 식힌 물'로 해석하였다. 주방문 후기에 술 거를 때 숙수를 보태도 된다고 하였는데, 이때 숙수는 '끓여서 차게 식힌 물'이라야 하기 때문이다.

夏別造酒 · 하별조주

[米一斗五升 匊一升五合 水不云 在任意]

白米五升百洗爲末作醅 待冷 麴一升五合和入瓮 置冷處過三日 白米一斗百洗全蒸冷水洒 出前酒和入瓮 待熟用之

[쌀 1말 5되, 누룩 1되 5홉, 물(양)을 정하기 어렵다.]

멥쌀 5되를 여러 번 깨끗이 씻어(물에 담가 하룻밤 불렸다가) 가루를 내어 술밑(찐 떡이나 삶은 떡)을 만들어 차게 식기를 기다린다. 누룩 한 되 5홉을 술밑에 섞고 고루 버무려 항아리에 담아 싸늘한 곳에 둔다.

3일이 지난 후 쌀 1말을 여러 번 깨끗이 씻어(물에 담가 하룻밤 불렸다가) 온전히 무르게 찌고 냉수를 뿌려(뜸을 들인 후) 전주

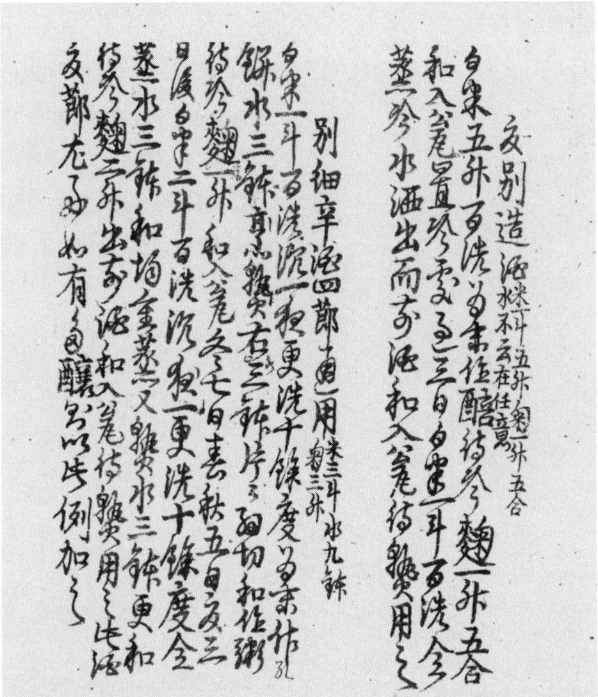

를 퍼내어 한데 섞는다. 고루 버무려 항아리에 담은 후 익기를 기다려 쓴다.

別細辛酒 四節通用 · 별세신주 사절통용

[米三斗 水九鉢 匊三升]
白米一斗百洗沈一夜 更洗十餘度爲末作孔餠 水三鉢烹熟 又水三鉢片片細切和作粥 待冷 麴末一升和入瓮 冬七日 春秋五日 夏三日後 白米二斗百洗沈夜一 更洗十餘度全蒸 水三鉢和均重蒸 又熟水三鉢更和 待冷 麴二升出前酒和入瓮 待熟用之 此酒夏節尤好 如有多釀則以此例加之

[멥쌀 3말, 물 9사발, 누룩 3되.]
멥쌀 1말을 여러 번 깨끗이 씻어 물에 담가 하룻밤 불렸다가 다시 열 번 정도 씻어 가루를 내어 구멍떡을 만든다. 구멍떡을 물 3사발에 삶아낸 후, 다시 (끓인 물 또는 떡 삶은 물) 3사발에 떡을 조각조각 가늘게 찢어 죽처럼 만들어 놓는다. 떡이 차게 식기를 기다렸다가 누룩가루 1되와 고루 버무려 항아리에 담는다.
겨울이면 7일, 봄·가을이면 5일, 여름이면 3일이 지난 후 멥쌀 2말을 여러 번 깨끗이 씻어 물에 담가 하룻밤 불렸다가 다시 열 번 정도 씻어 온전히(무르게) 찐다. 물 3사발을 고루 뿌리고 거듭 찐 다음 다시 끓인 물 3사발을 고루 섞어 넣고, 고두밥이 식기를 기다렸다가 누룩 2되와 밑술을 꺼내 고루 버무려 항아리에 담아 익기를 기다렸다가 쓴다.
이 술은 여름철에 더욱 좋다. 만약 술을 많이 빚으려면 이에 따라 쌀과 물, 누룩 양을 늘리면 된다.

杜康酒法 · 두강주법 1

[春秋造之 米十五斗 匊二斗 眞末二升 水十五斗]

白米五斗百洗爲末 水九斗和作粥 微溫 麯一斗眞末二升和入瓮 七日後 白米五斗百洗爲末水六斗和作粥 微溫 麯一斗出前酒和入瓮 七日後 白米五斗百洗前蒸 不歇氣急急入瓮 待清用之

[봄·가을로 담는다. 쌀 15말, 누룩 2말, 밀가루 2되, 물 15말.]

멥쌀 5말을 여러 번 깨끗이 씻어 (물에 담가 하룻밤 불렸다가) 가루를 내어 물 9말을 섞고 죽을 쑨다. (죽을 식히는데) 약간 따뜻할 때(미지근할 때) 누룩 1말과 밀가루 2되를 한데 섞고 고루 버무려 항아리에 담는다.

7일이 지난 후에 멥쌀 5말을 여러 번 깨끗이 씻어 (물에 담가 하룻밤 불렸다가) 가루를 내어 물 6말을 섞고 죽을 쑨다. (죽을 식히는데) 약간 따뜻할 때(미지근할 때) 누룩 1말과 밑술을 퍼내어 한데 섞고 고루 버무려 항아리에 담는다.

다시 7일이 지난 뒤, 멥쌀 5말을 여러 번 깨끗이 씻어 (물에 담가 하룻밤 불렸다가) 온전히 익게 쪄서 김을 빼지 않고 급히 (덧술)항아리에 담고, (주걱으로 고루 휘저은 뒤) 익어 말갛게 가라앉기를 기다려 쓴다.

杜康酒 · 두강주 2

[用夏日]

白米一斗百洗作末 作孔餠烹熟水一鉢 待冷 細麯一升交合入瓮 待三四日開見 粘米一斗百洗蒸熟 冷水洗淨作本和合入瓮 待七日用之 作本升加斗

[여름날에 쓴다.]

멥쌀 1말을 여러 번 깨끗이 씻어 (물에 담가 하룻밤 불렸다가) 가루를 내어 구멍떡을 빚은 후 푹 삶아내어 식기를 기다린다.

杜康酒法 春秋造之 白米十五斗 麯二斗 粘米二升 水十五斗

白米五斗百洗白米水九斗和作粥微溫
麯一斗粘米二升和入瓮七日後白米五斗百
洗白米水六斗和作粥微溫麯一斗出寄酒
和入瓮七日後白米五斗百洗全蒸之不歇氣
急〻入瓮待清用之 貴止

○杜康酒用夏月

白米一斗百洗作末作孔餅熟之熟冷水一鉢待冷細麯
一升交合入瓮待三四日開見糟米一斗百洗熟之熟冷
冷水洗淨作末和合入瓮待七日用之作末升加斗

(떡 삶은) 물 1사발(차게 식힌 것)에 고운 누룩가루 1되를 섞고 고루 버무려 항아리에 담고 3~4일 지나 열어본다.
찹쌀 1말을 여러 번 깨끗이 씻어 (물에 담가 하룻밤 불렸다가) 무르게 푹 쪄내고, 냉수를 퍼부어가면서 고두밥을 씻어 차갑게 식힌 후 밑술을 섞고 고루 버무려 항아리에 담는다. 7일을 기다려 쓴다.
술밑을 만들 때 쌀을 되나 말 단위로 더하기도 한다.

二味酒 · 이미주

[米六斗 匊三升五合 水九斗 眞末一升五合]
白米二斗百洗爲末 水四斗和作粥 待冷 麴三升五合和入瓮 過四日後 白米四斗百洗全蒸 湯水五斗和酒 待冷 眞末一升五合出前酒和入瓮 待淸用之

[쌀 6말, 누룩 3되 5홉, 물 9말, 밀가루 1되 5홉.]
멥쌀 2말을 여러 번 깨끗이 씻어 (물에 담가 하룻밤 불렸다가) 가루를 내어 물 4말을 섞고 죽을 쑤어 차게 식기를 기다린다. 누룩 3되 5홉을 한데 섞고 고루 버무려 항아리에 담는다.
4일이 지나 멥쌀 4말을 여러 번 깨끗이 씻어 (물에 담가 하룻밤 불렸다가) 온전히 익게 찐다. 끓는 물 5말을 부어 고루 섞은 뒤 식기를 기다렸다가 밀가루 1되 5홉과 밑술을 퍼내어 한데 섞는다. 고루 버무려 항아리에 담아 안치고 익어 말갛게 가라앉으면 쓴다.

禮酒法 · 예주법

正月上旬內 粘米六斗五升百洗爲末 水六斗和作粥 凍冷 過三日 麯六升和入瓮 三月上旬 粘米二斗五升百洗全蒸 待冷 出前酒和納瓮 四月用之

정월 상순 안에 찹쌀 2말 5되를 여러 번 깨끗이 씻어 (물에 담가 하룻밤 불렸다가) 가루를 내어 물 6말을 섞어 죽을 쑤어 얼음같이 차게 식혀 3일 후, 누룩 6되를 섞고 고루 버무려 항아리에 담는다.
3월 상순에 찹쌀 2말 5되를 여러 번 깨끗이 씻어 (물에 담가 하룻밤 불렸다가) 온전히 익어 무르게 찐다. 차게 식기를 기다렸다가 밑술을 퍼내어 한데 섞고 고루 버무려 항아리에 담는다. 4월에 쓰는 방법이다.

甘酒 · 감주 1

粘米一升百洗爲末 作餠烹熟 待冷 麯一升和入瓮 三日後 白米一斗百洗爲末蒸雪交[1] 待冷 以匙出前酒小小和合入瓮 待熟用之

찹쌀 1되를 여러 번 깨끗이 씻어 (물에 담가 하룻밤 불렸다가) 가루를 내어 떡을 빚는다. 푹 삶아 차게 식기를 기다린 후, 누룩 1되를 섞고 고루 치대어 항아리에 담는다.
3일 후 멥쌀 1말을 여러 번 깨끗이 씻어 (물에 담가 하룻밤 불렸다가) 가루를 낸다. (물을 뿌려서) 설기떡을 쪄내어 식기를 기다렸다가 숟가락으로 밑술을 떠내 조금씩 섞어가면서 힘껏 주물러 항아리에 담는다. 술이 익으면 쓴다.

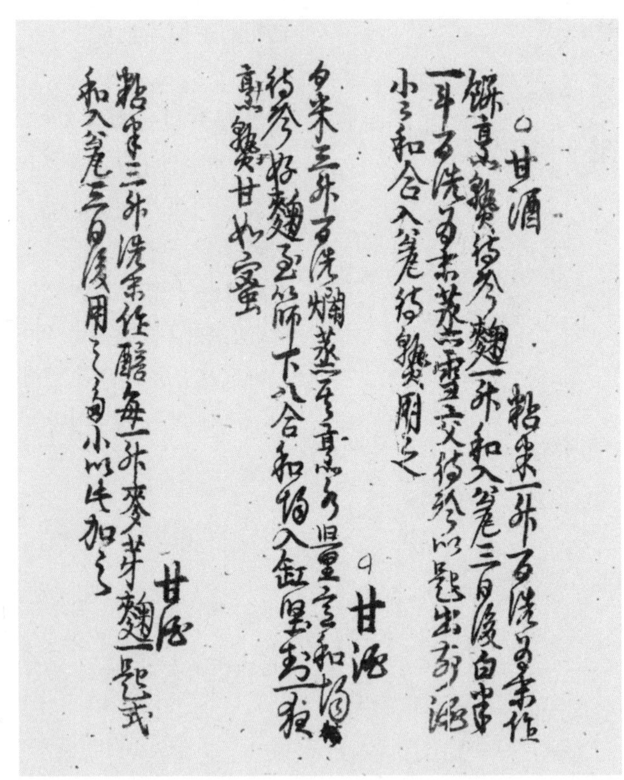

1 雪交(설교): 설고, 설기떡

甘酒 · 감주 2

白米三升百洗爛蒸 其烹水量(至)和均 待冷 好麴至篩下八合 和均入缸 堅封一夜 烹熟 甘如蜜

멥쌀 3되를 여러 번 깨끗이 씻어 (물에 담가 하룻밤 불렸다가) 푹 (문드러지게) 찌고 남은 시룻물을 모두 부어 고루 섞고 차게 식기를 기다린다. 좋은 누룩을 (고운)체로 쳐서 내린 누룩가루 8홉을 한데 섞고, 고루 치대어 항아리에 담는다.
(술독을) 단단히 봉하여 하룻밤 동안 지낸(삭힌) 후 중탕한다. 꿀맛처럼 달다.

甘酒 · 감주 3 점감주

粘米三升洗末作醅[1] 每一升麥芽麴一匙式和入瓮 三日後用之 多小以此加之

찹쌀 3되를 씻어 (물에 담가 하룻밤 불렸다가) 가루를 내어 (쪄) 술거리를 만들고, (적당히 식어 미지근하면) 쌀 1되당 엿기름가루와 누룩을 1숟갈씩 섞어 고루 치대어 항아리에 담는다. 3일 후 쓴다.
많고 적게 하기는 비율에 따라 더하거나 줄여 한다.

1 醅(배): 술거리. 주방문에 주배를 만들라고 하였는데, 구체적으로 어떤 방법인지 알 수 없다.

三日酒 · 삼일주 1

粘米五升百洗爲末 水三鉢作粥 待冷 麯三升和納瓮 白米三斗百洗全蒸 待冷 出前酒和入瓮 待三日用之

찹쌀 5되를 여러 번 깨끗이 씻어 (물에 담가 하룻밤 불렸다가) 가루를 내어 물 3주발을 섞고 끓여서 죽을 쑨다. 죽이 싸늘하게 식기를 기다렸다가 누룩 3되를 섞고 고루 치대어 항아리에 담는다.

(2~3일 후) 멥쌀 3말을 여러 번 깨끗이 씻어 (물에 담가 하룻밤 불렸다가) 온전히 익게 찐다. 적당히 식으면 밑술을 퍼내어 한데 섞고, 고루 버무려 항아리에 담고 3일 후에 쓴다.

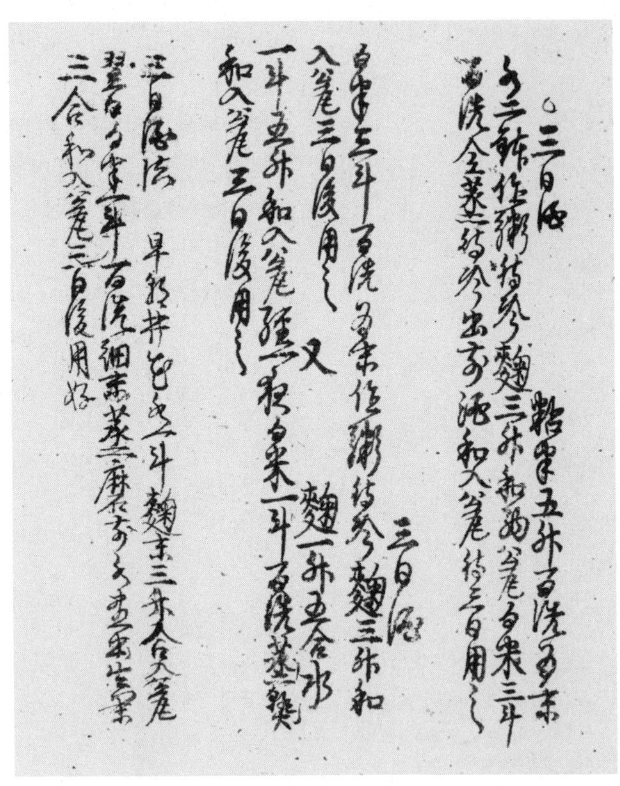

三日酒 · 삼일주 2

白米三升百洗爲末 作粥 待冷 麴三升和入瓮 三日後用之
(又) 麴一升五合 水一斗五升和入瓮 經一夜 白米一斗百洗蒸熟和入瓮 三日後用之

멥쌀 2말을 여러 번 깨끗이 씻어 (물에 담가 하룻밤 불렸다가) 가루를 내어 (물 적당량을 섞고 끓여서) 죽을 쑨다. 식기를 기다렸다가 누룩 3되를 섞고 고루 버무려 항아리에 담고 3일 후에 쓴다.
또 누룩 1되 5홉, 물 1말 5되를 섞고 고루 버무려 항아리에 담고, 하룻밤 지난 후에 멥쌀 1말을 여러 번 깨끗이 씻어 (물에 담가 하룻밤 불렸다가) 온전히 익게 푹 쪄서 (식으면 밑술을 한데) 섞고 고루 버무려 항아리에 담고 3일 후 쓴다.

三日酒法 · 삼일주법 3

早朝井花水一斗麴末三升合入瓮 翌日 白米一斗百洗細末蒸磨前酒盡出眞末三合和入瓮 三日後用好 後用好

새벽에 정화수 1말에 누룩가루 3되를 합하여 항아리에 넣어 둔다. 다음 날 멥쌀 1말을 여러 번 깨끗이 씻어 (물에 담가 하룻밤 불렸다가) 곱게 가루 내어 쪄낸다.(식기를 기다린다). 밑술(수곡 ; 물누룩)을 맷돌에 갈거나 손으로 힘껏 주물러 덩어리가 없게 하여 떡과 밀가루 3홉을 한데 섞고, 고루 버무려 항아리에 담는다. 3일 후에 쓰면 좋다.

○一日酒 白麴三升好酒二斗
白米和之白米二斗洗末湯水和合不熱
入瓮朝釀夕飲之

三亥白酒
白米一斗百洗細末作粥麴一升眞末一升和入
瓮五日後用之

三亥酒 米二十斗 水十二斗 麴一斗二升
正月上旬粘米五斗百洗作末湯水十二斗作粥待
冷麴一斗二升和入瓮三月桃花開時粘米八斗
白米七斗百洗全蒸待冷出前酒和入瓮五月開用

一日酒 · 일일주

好麴三升 好酒二斗 爲本和之 白米二斗洗末湯水和合不熱入瓮 朝釀夕飮之

좋은 누룩 3되, 좋은 술 2말을 술의 바탕으로 하여 술을 빚는다. 멥쌀 2말을 여러 번 깨끗이 씻어 (물에 담가 하룻밤 불렸다가) 가루를 내고 끓는 물과 섞어 고루 버무려 (범벅을 만들어) 둔다. (범벅이 뜨겁지 않을 때 좋은 누룩 3되와 좋은 술 2말을 한데 섞고 고루 버무려) 항아리에 담아둔다. 아침에 빚어 저녁에 먹는다.

夏日酒 · 하일주

白米一斗百洗爲末 作粥 麴一升眞末一升和入瓮 五日後用之

멥쌀 1말을 여러 번 깨끗이 씻어 (물에 담가 하룻밤 불렸다가) 가루를 내어 끓는 물(적당량 5~6되)을 섞고 고루 치댄다. (식기를 기다렸다가) 누룩 1되와 밀가루 1되를 섞어 고루 버무려 항아리에 담고 5일 후 쓴다.

過夏酒 · 과하주

[米二十斗 水十二斗 匊一斗二升]
正月上旬[1] 粘米五斗百洗爲末 水十二斗作粥 待冷 麴一斗二升和入瓮 三月桃花開時 粘米八斗白米七斗百洗全蒸 待冷出前酒和入瓮 五月開用

[쌀 20말, 물 12말, 누룩 1말 2되.]
정월 상순에 찹쌀 5말을 여러 번 깨끗이 씻어 (물에 담가 하룻밤 불렸다가) 가루를 내어 물 12말을 섞고 끓여 죽을 쑤어 차게 식기를 기다렸다가, 누룩 1말 2되를 섞고 고루 버무려 항아리에 담는다.
3월이 되어 복숭아꽃이 필 무렵, 찹쌀 8말과 멥쌀 7말을 여

1 '정월 상순(正月上旬)'이라고 하여 술 빚는 시기에 대해 언급하고 있는데, 이는 「계미서」가 유일하다.

러 번 깨끗이 씻어 (물에 담가 하룻밤 불렸다가) 온전히 익게 쪄 식기를 기다린다. 밑술을 퍼내어 한데 섞고, 고루 버무려 항아리에 담고 익으면 5월에 열어서 쓴다.

丁香酒 · 정향주

白米一升百洗浸水經一夜 作末作孔餠爛烹裂擣 待冷 好麴末一升均擣納缸 第三日 白米一斗百洗浸水經一夜爛蒸時 水一鉢熟爲限洒蒸 待冷 和本酒納缸 置溫處待三七日用之 [久甚甘]

멥쌀 1되를 여러 번 깨끗이 씻어 물에 담가 하룻밤 불렸다가 가루를 내어 구멍떡을 빚고, 무르게 푹 삶아 찢어가며 치

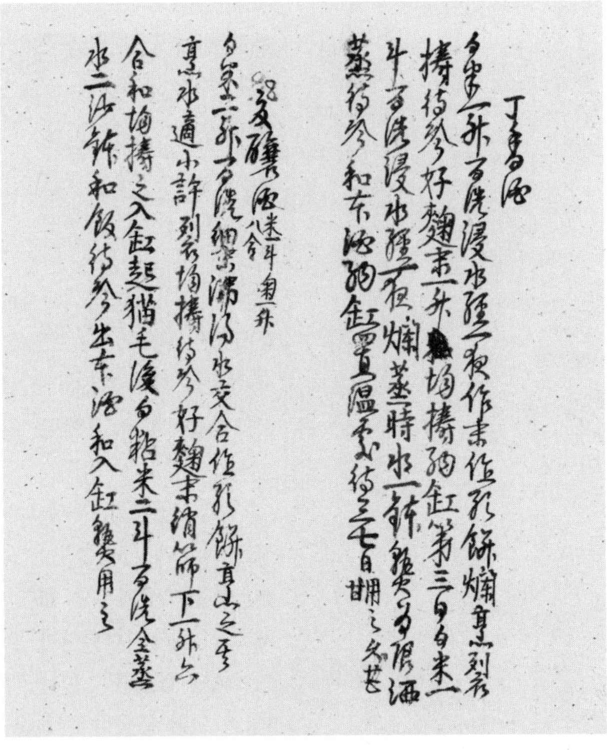

대어 식기를 기다린다. 좋은 누룩가루 1되를 한데 섞고 고루 치대어 항아리에 담는다.
사흘째 되는 날 멥쌀 1말을 여러 번 깨끗이 씻어 물에 담가 하룻밤 불렸다가 고두밥을 찌되, 물 1사발을 뿌려 푹 익혀 무르게 찐다. (고두밥이) 차게 식기를 기다렸다가 밑술을 섞고 고루 치대어 항아리에 담고, 따뜻한 곳에 앉혀 21이 지나면 쓴다. [오래될수록 매우 달다.]

夏醸酒 · 하양주

[米一斗 匊一升八合]
白米二升百洗細末 沸湯水交合作孔餅烹之 (專/至)烹水適少許裂均擣 待冷 好麴末 絹篩[1]下一升六合和均擣之入缸 起猫毛[2]後 白粘米二斗百洗全蒸水二沙鉢和飯 待冷 出本酒和入缸 熟用之

[쌀 1말, 누룩 1되 8홉.]
멥쌀 2되를 여러 번 깨끗이 씻어 (물에 담가 하룻밤 불렸다가) 가루를 내어 끓는 물을 섞고 구멍떡을 빚어 삶는다. 삶은 떡을 잘게 쪼개어 고르게 찧는데, (오직) 떡 삶은 물을 조금씩 쳐가며 찧는다. 떡이 식기를 기다렸다가 좋은 누룩가루를 고운 체에 쳐서 1되 6홉을 고루 섞은 후 찧어 항아리에 담는다.
술 표면에 고양이 털 같은 곰팡이가 생기면 흰 찹쌀 2말을 여러 번 깨끗이 씻어 (물에 담가 하룻밤 불렸다가) 온전히 익혀 무르게 쪄낸다. 물 2사발을 밥에 섞어 밥이 물을 다 먹고 밥같이 되면 식기를 기다린다. 고두밥에 밑술을 한데 섞고, 고루 버무려 항아리에 담아 익으면 쓴다.

1 絹篩(견사): 비단체, 김체, 고운체
2 猫毛(묘모): 고양이 털. 밑술 발효 시 술밑 표면에 '고양이 털 같은 곰팡이가 피길 기다린다'고 하였다. 이는 술밑을 덜 버무려 담았을 때 표면이 오염된 것으로 여겨진다. 일반 하향주의 주방문과 별반 차이가 없는데, 특별히 여름에 빚는 술이라는 '하양주(夏醸酒)'라고 명명한 뜻을 알 수 없다.

燒酒法 · 소주법

[米一斗 麴三升]
水任意 過四五日用之

[쌀 1말, 누룩 3되.]
물은 임의대로 한다. 4~5일이 지난 후 쓴다.

惠香酒[1] · 혜향주

白米一斗百洗水浸一宿細末 湯水三斗和作粥 待冷 好匊末一升五合陳眞末[2]一升五合和納瓮 過三日 白米二斗百洗沈水一宿熟蒸 待冷 出本酒和納瓮 待熟用之

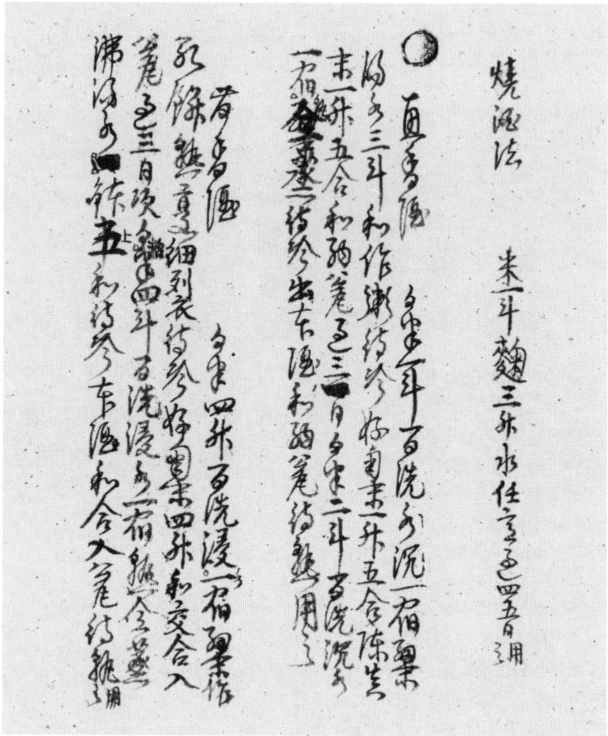

1 혜향주(惠香酒)는 '진향주(眞香酒)'의 오독으로 판단된다.
2 陳眞末(진진말): 묵은 밀가루로 하였다.

멥쌀 1말을 여러 번 깨끗이 씻어 물에 담가 하룻밤 불렸다가 가루를 곱게 내어 끓는 물 3말에 섞고, 끓여 죽을 쑤어 식기를 기다린다. 좋은 누룩가루 1되 5홉과 묵은 밀가루 1되 5홉을 한데 섞고 고루 버무려 항아리에 담는다.
3~4일 후에 멥쌀 2말을 여러 번 깨끗이 씻어 물에 담가 하룻밤 불렸다가 온전히 익게 푹 쪄 식기를 기다린다. 밑술을 퍼내어 섞고 고루 버무려 항아리에 담아 익기를 기다렸다가 쓴다.

荷香酒 · 하향주

白米四升百洗浸水一宿細末 作孔餅熟烹細裂 待冷 好麴末四升和交合入瓮 過三日次 白粘米[1]四斗百洗浸水一宿熟全蒸 沸湯水五鉢和 待冷 本酒和合入瓮 待孰[2]用之

멥쌀 4되를 여러 번 깨끗이 씻어 물에 담가 하룻밤 불렸다가 곱게 가루 내어 구멍떡을 빚어 푹 삶아내고, 잘게 쪼개어 식기를 기다렸다가 좋은 누룩가루 4되를 함께 섞고 고루 버무려 항아리에 담는다.
3일 후에 도정을 많이 하여 흰 찹쌀 4말을 여러 번 깨끗이 씻어 물에 담가 하룻밤 불렸다가, 온전히 익게 푹 쪄서 끓는 물 5사발을 골고루 섞고 식기를 기다린다. 밑술을 합하고 고루 버무려 항아리에 담아 익기를 기다렸다가 쓴다.

1 白粘米(백점미): 도정을 많이 하여 깨끗한 찹쌀
2 熟의 오기로 판단된다.

節酒法 · 절주법

白米三升百洗細末蒸 待冷 好麴七合和入瓮 待熟 白米一斗
百洗全蒸 眞末五合和前酒入瓮 經七日用之

멥쌀 3말을 여러 번 깨끗이 씻어 (물에 담가 하룻밤 불렸다가) 곱게 가루를 내고 쪄서 식기를 기다린다 좋은 누룩 7홉을 한데 섞고 고루 버무려 항아리에 담아 익기를 기다린다
멥쌀 1말을 여러 번 깨끗이 씻어 (물에 담가 하룻밤 불렸다가) 온전히 익혀 무르게 찐다 (식기를 기다렸다가) 밀가루 5홉과 밑술을 한데 섞고 고루 버무려 항아리에 담아 7일 후 쓴다

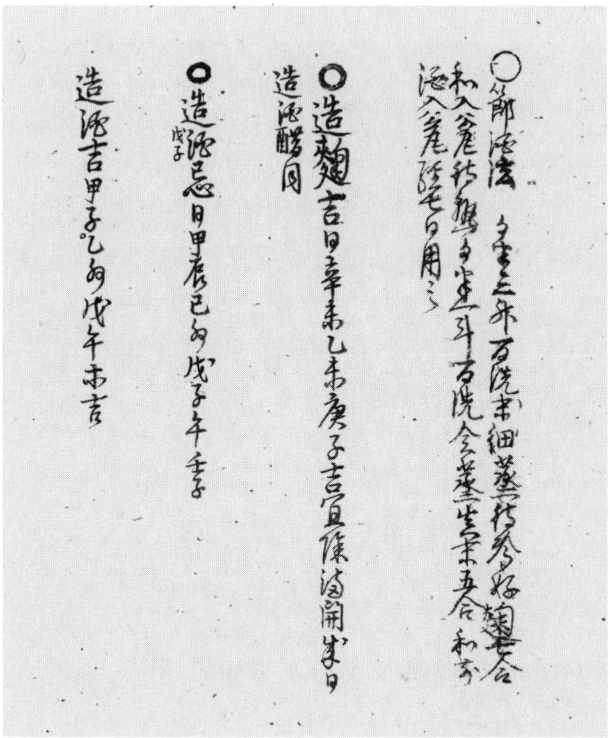
○節酒法 白米三升百洗末細蒸待冷好麴七合和入瓮待熟白米一斗百洗全蒸眞末五合和前酒入瓮經七日用之
○造麴吉日 辛未乙未庚子吉宜除滿開定日
造酒醋同
○造酒忌日 甲辰己卯戊子午壬子
造酒吉日 甲子乙卯戊午未吉

造麴吉日 · 조국길일
누룩 만드는 좋은 날

辛未 乙未 庚子 吉 宜除滿開成日 造酒醋同

신미(辛未) · 을미(乙未) · 경자일(庚子日)이 길(吉)하다. 만개성일(滿開成日)은 피해야 한다. 술과 초를 빚는 좋은 날은 같다.

造酒忌日 · 조주기일
술 빚기 꺼리는 날

甲辰 己卯 戊子午 壬子

갑진(甲辰), 기묘(己卯), 무자 · 무오(戊子 · 戊午), 임자(壬子.)

造酒吉日 · 조주길일
술 빚기 좋은 날

甲子 戊子 乙卯 戊午 等 吉

갑자(甲子), 무자(戊子), 을묘(乙卯), 무오일(戊午日) 등이 길(吉)하다.

夏釀坐清酒[1]·하양좌청주[2]

白米二斗百洗細末熟蒸 待冷 沸熟冷水四斗麴六升和入瓮 經四日 白米四斗百洗熟蒸 待冷 眞末四升先本和入 又經四日 用之

멥쌀 2말을 여러 번 깨끗이 씻어 (물에 담가 하룻밤 불렸다가) 곱게 가루 내어 떡을 쪄서 식기를 기다린다. 팔팔 끓여 차게 식힌 물 4말과 누룩 6되를 한데 섞고 고루 버무려 항아리에 담는다.

4일 후에 멥쌀 4말을 여러 번 깨끗이 씻어 (물에 담가 하룻밤 불렸다가) 푹 쪄서 식기를 기다렸다가, 밀가루 4되와 먼저 빚은 밑술을 한데 섞고 고루 버무려 항아리에 담는다. 또 4일 후 쓴다.

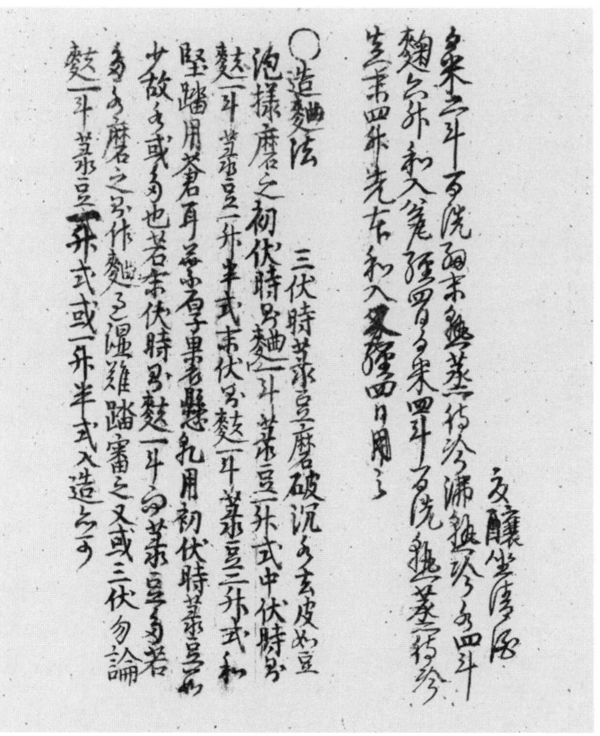

1 坐(좌): 분량을 나타낼 때 사용하는 틀

2 '하양좌청주(夏釀坐清酒)'의 '하양(夏釀)'은 여름철에 빚는 술이라는 뜻이기는 하나 '좌청주(坐清酒)'를 어떻게 해석해야 하는지 정확히 알 수 없다. 다만, 주방문의 양주 과정으로 미루어 4일 만에 술이 숙성될 수는 없다고 판단되고, 4일 만이면 술덧이 가라앉은 상태가 되므로, 덜 익었지만 떠서 마시는 것으로 생각해볼 수 있겠다.

造麴法 · 조국법

三伏時 綠豆磨破沈水去皮如豆泡樣磨之 初伏時 則麯一豆[1]菉豆一升式 中伏時 則麩一斗菉豆一升半式 末伏 則麩一斗菉豆二升式 和堅踏 用蒼耳葉厚裹懸乾用 初伏時 菉豆(一)如少故水或多也 若末伏時 則麩一斗而菉豆多若多水磨之 則作麯 過濕難踏審之 又或三伏勿論 麩一斗菉豆一升式 或一升半式入造亦可

삼복 때 녹두를 파쇄하고 물에 불려 껍데기를 제거한 후 두부를 만들 때처럼 갈아낸다. 초복에는 밀기울 1말에 녹두 1되씩, 중복에는 밀기울 1말에 녹두 1되 반씩, 말복에는 밀기울 1말에 녹두 2되씩을 섞어 단단히 밟아서 도꼬마리잎(창이잎)으로 두껍게 싼 후 (시렁에) 매달아 말려서 (띄워서) 쓴다.
초복에는 녹두의 양이 적게 들어가기 때문에 물이 언제나 많게 하고, 말복에는 밀기울 1말당 녹두누룩을 많이 써야 한다.
만약 (녹두를 갈 때) 물을 많이 하여 갈면 누룩을 디딜 때 지나치게 질어져 밟기가 어려우므로 잘 살펴야(조절해야) 한다.
혹은 삼복을 따지지 않고 밀기울 1말에 녹두 1되씩 또는 녹두 1되 반씩을 넣어 디뎌도 된다.

1 '麯一豆'는 '麩一斗'의 오기임

綠波酒 · 녹파주

自四月至九月尤佳 四時亦佳
白米一斗百洗細末熟蒸湯水(三斗)交合作粥 待冷 好麯一升眞末五合和入瓮 ○○後 粘米二斗百洗熟蒸 待冷 不出前酒納(瓮) (待)淸用之

4월부터 9월까지 빚는 것이 더욱 좋다. 사계절 모두 좋다.
멥쌀 1말을 여러 번 깨끗이 씻어 (물에 담가 하룻밤 불렸다가) 곱게 가루 내어 푹 쪄내고, 끓는 물 (3말)에 넣고 골고루 섞어 죽을 만든다. (죽이) 식기를 기다렸다가 좋은 누룩 1되와 밀가루 5홉을 섞고 고루 버무려 항아리에 담는다.
3일 후에 찹쌀 2말을 여러 번 깨끗이 씻어 (물에 담가 하룻밤 불렸다가) 푹 쪄서 차게 식기를 기다린다. (밑술 항아리에) 담고 (고루 휘저어두었다가) 익어서 맑아지기를 (기다려) 쓴다.

九斗酒 · 구두주

[三米九斗 麯九升 水九斗]
白米二斗百洗浸水三日 細末熟蒸熱水二斗和 待冷 麯末二升和釀 待三日 又白米五斗如前洗浸 作末熟蒸熱水五斗和 待冷 麯末五升用前醅和釀 又三日 白米二斗如前洗浸全熟蒸 熱水二斗和 待冷 麯末二升和前醅釀 待熟上槽[1]用

[쌀 9말, 누룩 9되 물 9말.]
멥쌀 2말을 (여러 번 깨끗이 씻어) 물에 담가 3일간 불렸다가 곱게 가루를 내어 무르게 찌고, 뜨거운 물 2말과 고루 합하여 차게 식기를 기다렸다가 누룩가루 2되와 섞어 빚는다.
3일 후 다시 멥쌀 5말을 깨끗이 씻어 담가 (하룻밤 불렸다가) 가루를 내고 푹 쪄서 끓는 물 5말과 섞어두었다가, 식으면 누룩가루 5되와 밑술을 꺼내 한데 버무려 빚는다.
다시 3일 후에 멥쌀 2말을 여러 번 깨끗이 씻어 담갔다가 온전히 익게 쪄서(무르게 쪄서) 뜨거운 물 2말을 고루 섞고 식으

1 槽(조): 술주자, 술 짜는 틀

綠波酒　自四月至九月尤佳　四時爲佳

白米一斗百洗細末熟蒸湯水三斗　交合作粥冷好麯一升眞末五合和入瓮　後粘米二斗百洗熟蒸待冷不出氣釀之　待熟用之

九斗酒　米九斗　麯九升　水九斗

白米二斗百洗浸水三日細末熟蒸熟水二斗和待冷麯末二升和釀待三日又白米五斗水洗浸作末熟蒸熟水五斗和待冷麯末五升用瓮醞和釀又三日白米二斗水中洗浸全蒸熟水二斗和待冷麯末二升和前醞釀待熟更上槽用

면 누룩가루 2되와 밑술을 한데 섞고 고루 버무려 빚는다. 술이 익으면 술주자에 넣고 짜서 쓴다.

麰酒 · 모주

麰米 纔熟作飯沈水三日 淨洗乾 更舂洗浸 依法造酒甚良

보리를 겨우 익을 만큼 살짝 쪄서 밥을 짓고, 3일간 물에 담갔다가 깨끗이 씻어 말린다. 이를 다시 찧어 물에 담가 불린다. 일반적인 방법대로 술을 빚으면 매우 좋다.

收酒 · 수주 술 간수하는 법

好麯圓削如雉卵大五六介置酒瓮中 則味不改 事林廣記云 凡收酒 令極倒清洗於瓮中底安 好麯一塊約一斤許 以淨物壓定將酒 欸欸頃入封

좋은 누룩을 꿩 알 크기로 동그랗게 깎아 5~6개를 술항아리 속에 넣어두면 맛이 변하지 않는다.
「사림광기(事林廣記)」에서 이르기를 술을 끝까지 맑게 보관(간수)하려면 깨끗한 옹기 바닥에 1근쯤 되는 좋은 누룩 한 덩이를 놓고 깨끗한 물건으로 누른 후, 맑은 술을 천천히 기울여서 붓고 봉해둔다.

治改味酒 · 치개미주 술맛 고치는 법

凡酒味改爲酸 則粘白(米細)末作餠 如盤大穿作孔 多置瓮底後 注酸酒經累日 則味如初

무릇 술맛이 변하여 시어지면 흰 찹쌀 (3되)을 (여러 번 깨끗이 씻어 물에 담가 하루 동안 불렸다가) 가루를 내어 (익반죽하여) 쟁반처럼 크게 빚어 구멍을 뚫는다. 옹기 바닥에 넣은 후 시어진 술 (1말)을 붓고 며칠 지나면 맛이 처음과 같다.

碧香酒 · 벽향주 1

[米三斗 匊一升五合 眞二合末(眞末二合)]
白米一斗百洗爲末 沸湯水作醅 待冷 麴五合眞末二合和入瓮 待熟 白米二斗百洗全蒸 待冷 匊五合出前酒和入瓮 待熟用之

[쌀 3말, 누룩 1되 5홉, 밀가루 2홉.]
멥쌀 1말을 여러 번 깨끗이 씻어 (물에 담가 하룻밤 불렸다가) 가루를 내어 팔팔 끓는 물과 섞어 범벅(술밑)을 쑤어 싸늘하게 식기를 기다린다. 누룩 5홉(1되)과 밀가루 2홉을 고루 버무려 항아리에 담고 익기를 기다린다.
멥쌀 2말을 여러 번 깨끗이 씻어 (물에 담가 하룻밤 불렸다가) 온전히 익게(무르게) 쪄서 식기를 기다렸다가 누룩 5홉과 밑술(前酒)을 꺼내어 한데 섞고, 고루 버무려 항아리에 담아 익기를 기다렸다가 쓴다.

* 주방문에는 밑술의 범벅에 사용되는 물의 양이 나와 있지 않다. 또 누룩의 양이 1되 5홉인데, 밑술과 덧술에서 각각 5홉을 사용하라고 하였으니 정확하지 않다.

碧香酒 · 벽향주 2

[入米十五斗內 粘米一斗五升 麯一斗四升 水十九斗]
白米一斗五升粘米一斗五升交合百洗沈水經宿 更洗二十度細末 湯水四斗作醅 待冷 麯四升合(盛)瓮 春秋則四五日 夏則三日 冬則七日 待熟 又以白米八斗如前洗淨經熟細末湯水十斗作醅 待冷 麯末一斗盡出前酒和(盛)瓮 前限隔日後 又白米四斗如前細末 湯水五斗作醅 待冷 更幕添麯 但盡出前酒均和納瓮 待熟用之 其未時熟 愼勿頻開洩氣

[들어가는 쌀은 15말 이내로 한다. 찹쌀 1말 5되, 누룩 1말 4되, 물 19말.]
멥쌀 1말 5되와 찹쌀 1말 5되를 섞어 여러 번 깨끗이 씻어 물에 담가 하룻밤 불린다. 다시 이십여 차례 씻어 곱게 가루

桃花香酒法 白米二斗 生麴六合末 曲一升五合

白米一斗百洗作末沸湯作粥待冷麴五合生麴末六合和入瓮待熟次白米二斗百洗全蒸待冷曲五合生麴和入瓮待熟用之

○碧香酒法 大米十五斗內 粘米一斗五升 麴一斗四升 水十九

白米一斗五升粘米一斗五升交合百洗沈水經宿更洗二十度細末湯水四斗作醋待冷麴四升合盛瓮春秋四五日夏三日冬七日待熟又以白米八斗作飯洗淨經宿細末湯水十斗作醋待冷麴末一斗如出飯湯和盛瓮無限[illegible]日後又白米四斗作飯細末湯水五斗作醋待冷更蒸添麴但出飯湯和盛瓮待熟用之其未熟時慎勿頻開洩[illegible]

를 내어 뜨거운 물 4말에 한데 섞는다. 고루 버무려 배(醅, 술밑)를 만들어 차게 식기를 기다렸다가, 누룩가루 4되를 섞어 항아리에 담는다. 봄·가을이면 4~5일, 여름이면 3일, 겨울에는 7일간 익기를 기다린다.
또 멥쌀 8말을 앞의 방법대로(여러 번 깨끗이 씻어 물에 담가 하룻밤 불렸다가, 다시 이십여 차례 씻어) 곱게 가루 내어 뜨거운 물 10말로 배(醅, 술밑)를 만들고 식기를 기다렸다가, 누룩가루 1말과 전주(밑술)를 모두 꺼내어 섞고 고루 버무려 항아리에 담는다. 앞의 기한보다 (봄·가을이면 4~5일, 여름이면 3일, 겨울에는 7일간) 하루 더 지낸 후에 다시 멥쌀 4말을 전처럼(여러 번 깨끗이 씻어 물에 담가 하룻밤 불렸다가 다시 이십여 차례 씻어서) 곱게 가루를 내어 뜨거운 물 5말에 섞고, 고루 버무려 배를 만들어 식기를 기다린다. 다시 누룩을 첨가하지는 않는다. 다만 전주(덧술)를 모두 꺼내어 고루 섞고 버무려 항아리에 담은 후 익기를 기다렸다가 쓴다.
술이 익지 않았을 때 뚜껑을 자주 열어 술기운이 새어나가지 않도록 조심해야 한다.

梨花酒 · 이화주

[入米一斗 麯一升 水一斗]
更米一斗百洗作末細篩篩之 翌日 曉頭新汲井花水一斗好麯末一升加入瓮 以米末盛甑如節餠造法蒸之 待熟 出以手細枯如梨花片 極薄枯爲貴 待冷 納瓮 經三日 氣味極佳用之 盛熟時尤可作也

[멥쌀 1말, 누룩 1되, 물 1말.]
도정을 많이 한 쌀 1말을 여러 번 깨끗이 씻어 (물에 담가 하룻밤 불렸다가) 가루 내어 곱게 체를 쳐 그릇에 담아놓는다.
다음 날 새벽에 새로 길어온 정화수 1말에 좋은 누룩가루 1되를 섞어 넣고 항아리에 담아 불려둔다. 쌀가루를 시루에 담아 인절미 만드는 방법으로 찐다. 익기를 기다렸다가 펴

내어 배꽃잎처럼 손으로 가늘게 뜯는데, 아주 얇게 뜯을수록 좋다. 떡이 식기를 기다렸다가 (누룩을 불린) 항아리에 담다(주걱으로 많이 휘저어둔다).

3일 후 술맛이 지극히 좋으면 쓴다. 숙성이 많이 될수록 더욱 좋아진다.

* 「계미서」의 '이화주(梨花酒)'는 그 제조법이 여느 주방문과 매우 상이하다. 또 '좋은 누룩(好麴)'이라고 하였으나 그것이 '이화곡(梨花麴)'인지, '조곡(造麴)'인지는 정확하지 않다. 특히 떡반죽을 "배꽃잎처럼 가늘고 얇게 찢어서 수곡에 넣는다"고 하여, 술 이름인 '이화주'의 유래를 다시 생각게 한다.

夏日節酒 · 하일절주

[米一斗一升 麯八合 眞末二合 水三鉢]
白米一斗百洗沈水一日漉出 熟蒸 粘米一升百洗○○

[쌀 1말 1되, 누룩 8홉, 밀가루 2홉, 물 3사발.]
멥쌀 1말을 여러 번 깨끗이 씻어 물에 담가 하루 동안 불렸다가 (다시 씻어) 건져 시루에 푹 찐다. 찹쌀 1되를 여러 번 씻어 ○○○○○○.

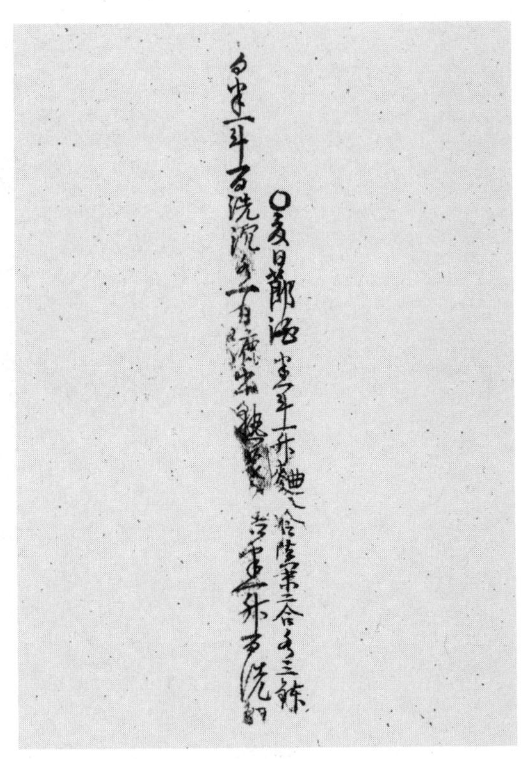
○夏日節酒 米一斗一升 麯八合 眞末二合 水三鉢
白米一斗百洗沈水一日漉出 熟蒸 粘米一升百洗

苽種甲子乙丑庚子壬午乙卯辛巳

蕎麥種日甲子壬申辛巳壬午癸未丙辰己卯乙酉吉

葱甲子辛未甲申己卯辛卯辛巳癸巳

蘇種

田獵日 大月初六廿三 小月初八廿七 末大凶

埋種虫不食法 六月丁酉辛酉 七月丁亥辛亥末日

○合醬日 丙寅辛卯申子辰丁卯未亥酉末日吉 又平定執破開日小十一日凶亥日 ... 日作日

作醬吉 每月甲丙丁 ... 巳午未吉 凶辛不合醬 又除日凶

○洗足凶日 每月初四日毋亡 凶子死 殺剃十四廿四日害母

上福 洗足凶上同

洗足不動法 每月初四日女死 五日夫死

洗足忌日 每月初四日洗長子死

[illegible]

菜種日戊寅戊辰辛亥庚申丙戌 未日大吉

苽種日初一日三日四日五日七十八十九廿三廿四廿 甲子乙丑壬申甲午乙未癸亥未日大吉

五穀種日辛酉己酉丁未癸亥未日吉

稻種日癸亥壬申癸未壬辰未日吉

粟種日乙卯丁巳己未甲寅未日大吉

雜菜種日庚申辛卯壬辰戊寅未日吉

麻種日辛亥庚申己亥戊申未日吉

麻種甲子庚午辛未戊寅辛巳己酉乙未庚子丙午戊申 辛亥壬子乙卯庚申癸未未日吉壬申甲寅乙亥壬午辛亥吉

粟種庚申戊子 丁巳己卯乙卯己未辛卯未吉

菁種 虫不食法六月丁酉七月寅日丁亥辛亥種子水一合塩一合和 而種之虫不食又大口魚乙十二兩置水亂灑即休之

瓜田種日又庚申丙戌乙丑庚寅己卯甲子乙丑庚午庚子甲辰丙寅 乙卯壬子未吉 ○亦名生穀日下降

正月十五 二十三十七廿六 三廿六 四十七廿四 五十六廿三廿六 六初四廿四廿八 七初四廿四 八廿五廿五

九未卯申子日 十申時下 寅辰酉日 十一丑寅巳戌亥子 卯日酉時下 十二月 卯午子丑寅巳日 戊時下

黍粟種 又戊戌己亥庚子未吉 辛未壬申甲寅乙亥壬午辛亥庚申戊申戊子未吉

芋種 庚子壬寅壬申辛巳壬午辛卯戊申

木灰小一斗檞末三匙和合造麺為好

別麺法　鷄雛相莫論以為破碎

上品〻日〻者適中交撰無之為可以常麺

例以作服為好　○造菉豆末

菉豆筵簸揚訖磨浸潤去皮細磨每菉豆

二斗用油二合有泡漉以布帒更下絹篩盡

瓷瓮盛置經宿去澄於下之清於上傾注去

之乾之而用之為色黄更洗布累於去之乾之

作細粫　菉豆末五合和之以瓷瓢洛

諸沸之以木節和攪作膠引之如線不絶和茶下

八斗乾宮加膠引亂三四尺許牽綿不絶穿瓢

底三穴如鼎足之濶可容指以左手執瓢而例以

指塞穴後盛和膠末于瓢中高亂眷眉

立于沸之傍務指開穴以右手打瓢絃使流

下入于沸之見成粫務于冷之洗而用之

○碧香酒法 入米廿五斗內 粘米一斗五升 麴一斗四升 合十九斗
白米一斗五升 粘米一斗五升 交合百洗 沉之經宿
更洗二十度 作末 湯水四斗 作醅 待冷 麴四升 合
置瓮 春秋則四五日 夏則三日 冬則七日 待熟 更又
以白米九斗 如前洗淨經宿 細末 湯水十斗 作醅
待冷 麴末一斗 眞末 如前和 置瓮 畢[illegible] 限滿日後
又白米四斗 如前細末 湯水五斗 作醅 待冷 更添
麴 但眞末 如前拌和 納瓮 待熟用之 香味 時絶勝
慎勿頻開洩[illegible] ○梨花酒法 入米一斗 麴一升 合一斗
更米一斗 百洗 作末 兩人節之 翌日曉頭 新汲井
花水二斗 好麴末一升 加入瓮 以米末生蒸 如節餅
造法 蒸之 待熟 出 以手細拈 如梨花形 極爛 拈爲
步 待冷 納瓮 經三日 令味極佳 用之 若熟時 在
可作也 ○夏日節酒 米一斗 麴一合 佳菜二合 合三鉢
白米一斗 百洗 沈水一日 浸[illegible] 出熟 [illegible] 白米一升 百洗

百洗熟蒸之待冷不出水酒瓮 [illegible] 淨用之
九斗酒 米九斗 麯九升 水九斗
白米二斗百洗浸水三日爲末熟蒸熟水二斗和
待冷麯末二升和釀待三日又白米五斗如本洗浸
作末熟蒸熟五斗和待冷麯末五升用水醅和
釀 又三日白米二斗如本洗浸全蒸熟熟水二
斗和待冷麯末二升和本醅釀待熟後上槽用

○麰酒

麰米絲熟後作飯浸水三日淨洗乾
更舂洗浸依法造酒甚良

○收酒

好麯圓削如雉卵大五六介置其酒瓮中則味不改
事林廣記云凡收酒令極深淸洗於瓮中底
安好麯一塊約一斤許以淨物厭定將酒款款傾
入封

○治改味酒

凡酒味改爲酸
則粘白米爲末作餅如盤大穿作孔白置其瓮
底後注酸酒經累日則味如初

和水乃卞入瓮經七日又白米八斗百洗令蒸水十斗和待冷又

爲釀和入瓮經二七日上槽用之

又釀坐傳酒

白米二斗百洗爲末爲熟蒸待冷沸湯熟冷水四斗

麴二升和入瓮經四日白米四斗百洗熟蒸待冷

生末四升先左右和入又瓮經四日用之

○造麴法

三伏時菉豆磨破沉水去皮如豆

泡據磨之初伏時造麴麴一斗菉豆一升式中伏時造

麴一斗菉豆一升半式末伏造麴一斗菉豆三升式和

堅踏用蒼耳葉厚子果合懸乳用初伏時菉豆水

少故水或多也若末伏時造麩一斗白菉豆多者

多水磨之造作麴造之湿難踏審之又或三伏勿論

麩一斗菉豆一升或一升半式入造爲可

綠波酒　自四月至九月尤佳　四時爲佳

白米一斗百洗細末熟蒸湯水一斗一爻合作粥待

冷好麴一升生末五合和入瓮[illegible]　後粘米二斗

色至白然後已之爲妙 蜜除之事可畏

除一事可深畏 收蜜後桶傍置之以防蜜蟲蜜除可 除蟲而蜂衰亡去或自換矣

藥果造法　凡爲造藥果

皆黃炒 生眞末一斗 淸蜜一升五合 生油五合 和

交造之 蜜之淸蜜汁攄去極軟太甘

之多少下以上觀其蜜之有實然後出蜜之
酌置三周尺許其餘桶上蜜汝探出取剝
椽木皮以爲蓋復桶上端黏土閉之可也且出
蜜之法一周尺以全不取以爲蜂食不過一尺
以子孫存蜂死者取之可取之蜜後右蜜注
于鼎鐺燒椽木及柏木合蜂窠清熟滯
之以麻布去滓盛於冷處蜜上著蠟以捲堅
以麄絲濾其蠟隨宜出之者煮之蜜蠟燒於木
其雜末以蠟者清之無餘其蜜更以綿子
去滓以蜜淨之無滓其蠟以更使清熟
綿子去滓于冷之上蠟冷之且易以熬堅其後
正當作片之時也於今蜜色白以取七八月
又造蜜色其蜂窠俱白熟器上以篩於秋
又置於甕中以篩上之蜜自然出下
於器其後以柳木作片木攪之使蜜

右采法出子林廣記煮烹諸肉之章

烹黃狗

黃狗先食黃雞一首待五六日捉之去骨取肉細小缸清醬交水五鉢真油五合注缸封口入釜中蒸之而沉之自黃民目達熟煮之醋清醬葱汁食之

○生烹燒而沉

冬至後立春前可食好

好酒先食然後酒飲之

○養蜜蜂方

桶內不甚正廣闊使平正桶下穿孔之揭之以蜂安心久留

其桶木橡木最佳蜂喜接橡木者耳若以遠爲之桶

揭其處以紙包裹之

夏開紙見耳乎也

雜蜂取收時或葛或立或橡皮付於群羊取張之傍以艾草作草帶揭蜂口皆自入中庭塗之又以水噀之則蜂翅濕而不飛然後移置陰處於庭中先置其臺石木置蜂桶於其上以付蜂來庭時塗於桶上端覆之陶黏土閉封時之縫之傾風桶下端揭之至於蘆煤蛛蟻之害蜂冬則取蜜時桶上端來之庭除撤去上以觀蜜

一沉醬法 末醬五斗 塩二斗 一云末醬四斗 水一盆末醬

暫速洗之 後瓮尾白炭火三四介置瓮尾底 先油一鍾子

注於火上 沉之 ○一云醬沉法 末醬五斗 塩三斗

水三盆 味甘極好

○造麴吉日 辛未 乙未 庚子 吉 宜除滿開成日

造泡醋同 ○造泡忌日 甲辰 己卯 戊子 午 壬子

造泡吉 甲子 乙卯（戊子） 戊午 未 吉

煮牛肉法 猛火煮至滾便

當退作煴火 不可盖鍋口 若誤盖 則有毒

如老（煮）牛肉 入碎杏仁及蘆葉一束 同煮 易

軟爛 煮之爲肉法 冷水下

肉煮熟不可盖 盖之肉毒黑之 有毒無味 加入葱

泡能軟肉及去毒 若之病之肉 須用塩泡

葱椒茴香 淹二三宿 濾出 香油拌過 晒乾

菜食 菜蒸時再晒 泡菜蒸之 庶免毒氣傷人 不示

如今人多因生疔黃之證 反月淹一日可也

○節酒法 白米二升百洗末細蒸熟待冷好麯末七合和水入甕待熟白米一斗百洗全蒸生米五合和水酒入甕經七日用之

三日酒法 早稻米一斗麯末三升七合入甕翌日白米一斗百洗細末蒸熟麻衣布之待冷生水三合和入甕三日後用好

合和臼擣之入缸趁猶毛後白粘米二斗百洗全蒸
水二沙鉢和飯待冷出布帒和入缸釀用之

燒酒法　米一斗麴三升水任意過四五日用之

〇眞香酒　白米一斗百洗洗一宿細末
湯水三斗和作粥待冷好麴末一升五合陳
末一升五合和納甕過三日白米二斗百洗洗水
一宿全蒸二待冷出布帒和納甕待熟用之

荷香酒　白米四升百洗浸一宿細末作
孔餅熟煮之細剉衣待冷好麴末四升和交合入
甕過三日後白米四斗百洗浸水一宿熟蒸入冷合
沸湯水[illegible]鉢五和待冷布帒和入甕待熟用之

正月上旬粘米五斗百洗以湯水十二斗作粥待
冷麯末一斗二升和入瓮三月桃花開時粘米八斗
白米七斗百洗全蒸待冷去本酒和入瓮五月開用

○杜康酒用亥日

白米一斗百洗作末作孔餠烹熟冷水一鉢待冷細麯
一升交合入瓮待過三四日開見粘米一斗百洗蒸熟
冷水洗淨作末和合入瓮待七日用之作末外加斗

丁香酒

白米一升百洗浸水經一夜作末作孔餠爛烹之則冷
擣待冷好麯末一升同擣納缸第三日白米一
斗百洗浸水經一夜爛蒸時水一鉢熟冷為限酒
蒸待冷和本酒納缸置溫處待之七日甘開之勿甚

○三亥釀酒 米一斗白麯一升八合

白米二升百洗細末沸湯水交合作孔餠烹之冷
烹水適小許則冷擣待冷好麯末細篩下一升合

三亥白酒

白米一斗百洗作末作粥麴一升生末一升和入瓮尾五日後用之

三日酒

白米三斗百洗作末作粥待冷麴三升和入瓮尾三日後用之 又 麴一升五合水一斗五升和入瓮尾經一夜白米一斗百洗蒸之熟和入瓮尾三日後用之

甘酒

白米三升百洗爛蒸之以一斗真水冷之但量宜和酒待冷好麴五合篩下八合和酒入缸堅封一夜熟熟甘如蜜

甘酒

粘米三升洗末作醅每一升麥芽麴一匙式和入瓮尾三日後用之多小以味加之

三亥酒 米二十斗水十二斗 麴一斗二升

斗白米百洗又細末水六斗和作粥待冷至
三月麴六升和入瓮三月上旬粘米二斗五
升百洗全蒸待冷出家酒和納瓮四月用之

○甘酒　粘米一升百洗又細末作
餅烹熟待冷麴一升和入瓮三日後白米
一斗百洗又細末蒸出雪二交待冷以熟出家酒
小〻和合入瓮待熟用之

○三日酒　粘米五升百洗又細末
合二鉢作粥待冷麴三升和酌入瓮白米三斗
百洗全蒸三待冷出家酒和入瓮待三日用之

○一日酒　又好麴三升好酒二斗
白米和之白米二斗洗末細又和合不熟
入瓮乾醸多飲之

洗正米水六斗和作粥微温麴一斗出本酒
和入甕七日後白米五斗百洗全蒸不歇氣
急入甕待清用之

○六斗酒四時通用　　白米二斗百
洗白米湯五斗作粥待冷麴四升和入
甕春秋五日夏三日冬七日後白米四斗百
洗全蒸出熟冷水二斗和飯待冷出本酒麴
二升和入甕待三七日後用之上槽時酒一斗
添熟冷水二斗為可

二味酒 米六斗麴三升五合水 加斗出本酒一升五合

白米二斗百洗作末水四斗和作粥待冷麴
三升五合和入甕三四日後白米四斗百洗全蒸
冷水五斗和酒待冷出本酒一升五合出本酒
和入甕待清用之

祈酒法

正月上旬內釀之

又別造酒 粿米一斗五升 水不云在任意 麴一升五合
白米五升百洗作末作粥待冷麴一升五合
和入瓮置冷處三日白米一斗百洗全
蒸冷水酒出而前酒和入瓮待熟用之
別細辛酒四節皆用 米三斗 水九鉢 麴三升
白米一斗百洗浸一宿更洗千餘度作末作孔
餅水三鉢煎沸熟擣右二鉢作 細切和作粥
待冷麴一升和入瓮冬七日春秋五日夏三
日後白米二斗百洗浸一宿更洗十餘度全
蒸水三鉢和均全蒸熟又熟擣水三鉢更和
待冷麴二升出前酒和入瓮待熟用之此酒
又節花了好和有白醴其味以此例加之
杜康酒春秋造之 米十五斗 作末二升 水十五斗 麴二斗
白米五斗百洗作末水九斗和作粥微溫
麴一斗作末二升和入瓮七日後白米五斗百

米二斗六升百洗全蒸 水四斗洒之無角不散
之氣入瓮 待淸用之

夏日不酸酒 米二斗 水不云 麴一升五合

白米一斗百洗作末 作餠 熟之待冷 麴一升五
合和入瓮 七日後 白米五斗百洗全蒸之早直糟
中浸之 和(飯) 待冷 出前酒 和入瓮 待熟用之

熟時酒 米三斗三升 水不云 麴三升

白米三升百洗作末 作餠 熟之待冷 麴三升
和入瓮之宿 白米三斗百洗作末 作醞 待冷
出前酒 和入瓮 待兩三日後用之

四節通用酒 六斗 白米二斗百洗浸之 三日後
細末 熬蒸之 沸湯之四斗 和交合 待冷 好麴末四升
和入瓮 三四日後 二次白米四斗百洗浸之 三日後
熬蒸之 沸湯之三斗 和 待冷 麴末二升 出本酒
和合入瓮 二七日後用之 [illegible]隨文[illegible]味如[illegible]

菉豆麯汁和作鄕入瓮甁待三七日用之 量則小麯法

一 荷葉酒 粘米六斗 麯一升五合 生米六斗合末

白米一斗百洗作末沸湯交作醢待冷麯五合生米末二合和入瓮甁待熟更白米二斗百洗全蒸待冷麯五合及前醢和入瓮甁待熟用之

五斗酒 米五斗 水六五斗二合 麯五升

白米一斗百洗作末 水一斗三升二合作鄕待冷麯一升七合和入瓮甁七日後白米二斗七升百洗作末水一斗七升和作鄕待冷麯三升二合出前酒和入瓮甁又七日後白米一斗三升 水二斗洒之全蒸待冷麯不動氣入瓮甁待清用之

十斗酒 米十斗 水十斗二升六合 麯三升四合

白米粘米各一斗百洗作末 水二斗六升作鄕待冷麯三升四合和入瓮甁七日後白米五斗四升百洗作末 水三斗六升六合和入瓮甁又七日後白

細辛酒

白米五斗百洗作末
末ᄒ야十斗和作粥待冷麯一斗和入瓮又白
米十斗百洗蒸熟五日ᄒ고四日冬七日預沉熟
又段ᄒ야[illegible]日全蒸水五斗洒之全蒸熟
糆待冷麯五升出家酒和入瓮待清用之

三斗酒

白米一斗百洗作末水
二斗五升和作粥待冷麯[illegible]五合和入瓮
又三日ᄒ고五日又白米二斗百洗沉ᄒ야一日全
蒸待冷出家酒生ᄂ末三合和入瓮七日後用之

沉入缸油紙封口以器覆埋於地中晝夜經二七日 [illegible]乃可

汁葅法

太一斗三日浸水漉出麩三斗和合熟蒸爛擣作末如手毋指作丸摘楮桑葉交隔覆之以艾且雜以楮葉入置空石在陽地待乾若未乾十日後出而曝乾擣末調水鹽三升茄子一束海交雜納瓮以油紙及布結裹缸口且以盆盖瓮塗泥埋諸[illegible]等之晝夜經二七日後開用每太一斗麩三斗鹽三升茄子一束海例式也汁一斗茄子鍮盆二鹽一升或七合如小汁以手摘入缸一 乙酉五月初八日辛丑書

爲犯冷多也故釀瓮其入之手此日以湯洗冰之白米大斗石如此則爲釀則添本亦
小加偏爲可

○黑湯法 麰麥多少勿論洗淨去沙沉之三日洒出掃
地鋪空石列置又覆空石每日均洒水兩三日生芽半寸長
曝去細末白米一斗洗淨沉之一宿洒出爛蒸以湯水一盆先入瓮
蒸米不散多少初夜入瓮麰麥芽末二升冷水一鉢和入
于瓮以木匙和合堅封置溫處厚覆衣之一夜翌日曉則于
味甘如蜜去滓取水煮之釜煮其湯終日至見如膠爲度
取出乳則爲黑湯自黑湯熟時始作相引至色雪白爲
度 是謂白湯至于相引時其荏子胡椒末每入于味極
妙
　大麥二斗長芽三斗四升

茄汁葅法
[illegible]一斗[illegible]磨沉水三日拯出之米二斗交合熟蒸
熟擣作餠如小兒拳架木于上鋪石皮又蒿[illegible]以木橧蒿葉
右餠列置又覆之以木葉蒿葉氏搡三四件如前後又蓋
石皮二七日生黃衣毛曝乳細末末一斗鹽五合茄子一束海交

又大麥酒法 大麥米一斗洗淨浸水經五日更
洗蒸作冷置缸經五日毛生湯水爲餅待冷合
瓮尾以綿冪口經三七日清酒用之
又法 每年六月晦日以大麥米一斗洗淨浸水七月
初三日早朝蒸熟待冷入瓮尾以帛張之七月七日熟
冷三鉢或六鉢瀉之十五日後開用可也
又法 丙丁日釀法 每月初丙日汲月德方井花水
一斗好麴一升合之入瓮尾洗米六升丁日曉頭作潤
飯冷之入之待熟開用 凡洗米丙日最可好
○三亥酒方 正月初亥日粘米一升百洗作末作粥
畢果出待冷麴末五升眞末一升和合入瓮尾置不寒不
暖處次亥日白米粘米各一斗百洗作末作餅熟煮之甚
麴末細列衣打搗待冷出家末和入瓮尾次三亥日白米粘
米各三斗百洗作末餅作熟煮之冷餅之細列衣打搗待冷
末泥和入瓮尾四月八日待清用之 若無粘米黍米等三三度白米不妨 粘米略少亦不妨 ○承旦釀時無用

秋後開眉●汁酒 水曲七月大豆一斗浸水二升極出
麴三斗合舂開甕熟蒸作粥若三四升次布掌之
又次布于其上無暴揩無暴乃布蒸豆大麴厚半寸蓋
以楮葉其上無暴之又其蓋三四升待七日生毛不足
則更待後日出曝參乳作分麁末塩一升和水如厚粥缸
内先鋪末次鋪瓜次末如是次滿缸盡用油紙
及厚紙堅封蓋盆塗泥密之夏日中布掌之又
置缸又蓋掌之又厚理隨時寒暖或七日或二七日三
七日後出用若冬畫夜中之久不出則雖黒味
若須異宜 畢 嘉靖三十三年甲寅十一月十四日父筆

○造酒法 小麥米不以多少熟蒸缸器淸淨麴拖
瀉之堅封三兩日用
○西鄰酒法 丙日井花水七鉢好麴末五合交入瓮
丁日曉米一斗熟蒸一器和半熟冷後入瓮待七日生麥
一升進黃進色細末入瓮待三七日出用好 日甚可 乞洗米丙

蜜以味玄之更和清蜜沸之生薑細切和之
酢漬之如款／ ○蔵茄　霊ミ帯ミ摘取之
中羹灰将茄子先下帯截之又以灰取半之 字中
以色取之不変 ○蔵菜　蕪ミ菁ミ菜入ミ埋置
於塩中由用没於折灰之以退鹹難取之若多
若炒皆無於節取　若然一沙鉢以白米
三合斬目淘洗用之洗之一沙鉢半煮之一沙鉢如塩
退鹹取使餘鹽且取開蓋 ○ 起蒸餅
白米両宗以起酒和濃淡如造擽（俗謂餅加末）之和之倒用蒸以飯
布沙擽挹置之厚子一寸許之上用煮之粟細切實植子
椒子細刻表之乳掃足之茸玄核大棗等拘雜散置之又
置橋如是之之如蒸双倒餘蒸之布出置且案上
清蜜出玄澤塗餅上（曝乳） ○ 青ミ将醢　乳青
魚玄鱗翼頭尾浄洗曝乾宗将磨両宗以師之酢両布宗
布宗如是ミ終以石厚布宗塩之以和合将磨倒堅封

或炭火或以引刀且或並毛後用刻刀淨搔洗更洗
爛煮之以手刻裂之妙於麻油醬清汁和
之醎淡適中更飽點葉半之羊羔猪獐鹿
足皆可用 ○之尾肉 之尾毛留半寸
許斷去淨洗煮後以熟介割去毛根更搔洗爛
煮去骨如上足湯例用瘦之尾尤有味
○活服味肉 唐椒子三四介作破并煮之肉為妙
○軟全鮑 全鮑煮之時粘臟去水許煮之又碎屁煮鮮
○銀魚及目 俗都目 銀魚乳者以浸之米泔之既潤
以淨洗去翼與尾醬清汁麻油少許和
之煮之用之與生無異 ○肉炙 凡魚膏肉作
炙以片醬清汁合不醎置麻油許和之炙
○雉醬 生雉肉細之切之醋醬鹽少許胡椒末生薑
蔥白細切作和丸如彈丸於醬油 ○冬苽正果
冬苽切和母蠣灰經宿洗去和清蜜沸之以之

針合封後清醬和水至淺熟之香油一匙和鹽小

缸乃下鷄以油紙堅封又釜內坐湯釜上用置橫木

懸缸毋令傾側自朝至暮或暮至朝軟烹出之

以手列裂用烹汁點糊椒末 ○又烹鷄 鷄

晃如法上合封以蒿使氣所藏趙刑作端正結之鼎

置如脂木三四介使鷄坐置直注水一沙鉢烹之水盡

出鷄亦同 ○鼈湯 生鼈沉於沸水中鼈

皮軟自熟出之以菁蒿葉麻石擦極精洗去皮以刀割脇

去肉更洗血水更用淨水爛烹之列裂之去骨乃細鷄卵

去須細去之用熟水多油少許炒之然後用鼓更烹點

菜生葱白寸切作大片列裂之臨出時和勿使葱色變

○爛猪頭

猪頭極去毛淨極洗以刀搔洗至色

白後以細菁蒿葉塞竅纏烹之熟出乘熱沉冷水中使

外冷內熱如是者七度出自然爛熟然後乘

熱出置砧盤去葉落後用芥汁 ○足湯

醬麪別用熟黑湯再度和漉然後和上項豉點

菜○眞珠粉　黍米粟米或木麥米中精白者

之爛作飯以冷水洗之勿令粘連以篩漉塗豆末納熟

水中又洗冷水又塗豆末如常法後更塗菉豆粉

再塗豆末法鹽瓜兒細切洗去醎軟肉細切如眞珠粉

大炒熟香油中各香菜荏汁用匙　○粟薏粥

膏黑湯用醬清汁取之精白生粳米作粥膏

肉細切鹽韮細切鹽瓜或醬瓜細切洗去醎別熟之

再入○淡粥　菁葉細末炒乳荳著蘆菔末圓米

米各等分以熟水和作粥和清蜜用大鍾

○溫飯　黑湯用醬清汁取之濾之生膏肉或生

雞作反細切如蔥菜葉沉菜葉甘藿如豆泡

小油餅實栢子和用　○雞膏　膏雞淨去

毛用蒿菜搓熟洗乃去肉又洗肉使無血氣後蒸

香油少菜川椒醬一匙熟香油半匙和納雞肉以竹

○氷煮　菉豆ヲ磨破玄皮沉テ取
磨之生油置火鼎沸之將畢テ菉豆如大錢作捻
之テ上細用切和胡椒細末或切葱生薑和置之菉豆
蓋置熱テ後龍学若一時ニ用如此揉ニ造脂時
鼎沸内塗テ油布列温之用　○水餻兒　取精白
米末若高麦末分テ若高麦末差少漢塩水漉和之作
團以團木展テ捏之用肉作朔如双葱朔倒テ布
加精細署着朔過塗水合待之亨用水薑汁
○麪　米麦淘洗乳磨玄皮簸玄澤又軽杵
玄精皮然後斷日晒テ舂之用学細布室以篩之晒湯
水和之須少水堅合若テ為テ麪一斛六貫木末芥
式菉豆粉テ五合式　○麪鼓　雞浄玄毛以菖
索揉極洗テ去肉又洗肉使無血乃然後爛亨之將
テ水漉水置將畢浸汁取之又生半熟高骨雞細切葱
白細將畢浸汁少許置熱テ油炒之和里湯然後

○取泡　太一斗磨破去淸浸爲限極洗又其水豆
一斗別磨破去皮淨洗之太太中雜極洗徐徐緩磨之
細細去滓又用木綿紬緻極去細滓細細入釜沸
之若溢出則以淨冷水隨釜緣暫暫週注又溢則注者六
七度然後出火去火令釜底火少少用苦鹽之布至入釜
下醋水極淡如水徐徐入之若醋多精鹹則不軟又醋水
不徐則不軟諺曰性急者取泡爲設不軟以其本豆之故
雖極軟不破後　○片炙　炙時乘熟或缸或有
蓋鉢中毋令出氣即抽弱蓋之片炙煮之器鉢煮之又用
鐵煮油塗釜底煮之器乃下濃淡適中鼓不停沸之
可或停則不起軟下淡鼓以至濃不絕沸也爲妙
○泡湯　取泡即承熟作片但取水暫煮後和薑
二三分許厚切之如常移煮油色黃用醬淸汁鼓煮之
沉菜菁一二寸許斷之並煮之用　○里湯　凡煮之宜
鷄水最好須濾置後將醬取色用

畢乃以布封経三日始開用之更要好者

●古是酢　宮麦人若干洗正沉之一

粗後熟麦冷之以一斗麹曲蒸熟二合五勺以非熟之一七日後白粘者

二斗洗正蒸之熟學觚瓮口沉封之二七日始用之

●乳豆泡　中西二月造泡以細布細以篩熟去細滓

作泡堅幅大二升以作九片置槽三日後布箔上以乳

粗以還沉至之熟為度　●沽塩　塩和之

漉去滓以匙数攪盈乳器之以色白柔細

●山蔘佐飯　山蔘浄洗以石磨去節膿小塩置

缸待入塩以末槌搗之以刀割作二三四片還納缸汪將漬

汁待漬入乳用塗鍛須油一云漬去皮搗割破水浸去

之沉拾將漬汁乳　●塩薑　生薑洗去皮作

片着塩待乳投浄之即去之勿令潤塗以白柔

●牛芳軟法　拾日晒粗置木四五尺介乃置牛芳水

半許熟魚油一匙和汪以之熟為限度之

盈滿浸玄淳一盃待極冷又不沾影注之缸如前還封 作
中然後開用 ○四節酢 丙日汲井水七鉢
麯末五合交入缸中十日曉頭米一斗換水烝饙盛缸
經七日後米麥一升炊黃黑細末入缸經七七日後用之
○無時巳衣酢 巳衣米一斗經宿後饙熟烝無水
缸內置入七日飯有黃毛無時亦可井水三鉢入瓮
堅封三七日后用之甚可 ○丙丁酢 丙丁日汲井
花水一斗五升麯一升五合和入瓮中置丙地造家
一斗米麥合五升洗淨水丁日以饙蒸之蒸時饙湯冷
缸以排水旋三七日后蒸以白布果衣其口又油紙果之生
草履之不見不淨女人七日後用之妙 ○巳衣酢
六月大則二十九日小則二十八日巳衣米一斗白以米汁之乃洗浸
水置 冬陽五月更熟之待冷 八月十五日夜開用
添清水無窮浸用之 ○菖蒲酢
蒲根葉勿論陰乾五六日出 一月留

後温乃二三度々有頭去毋更濟之用法如[illegible]好[illegible]用

○黄衣醋 生衣 俗云高乙伊　七月七日為粗造一斗極沉麴

不減缸置陰乃未明時或以女年飯積歇竈鑊乗

毋令黄衣生麥麴被翻失性斟酌三分之黄衣二升好

麴二升和合之三分之飯一分先納缸後布黄衣麥麴末之又

布飯又布黄衣麴末終以飯鋪布井花水七鉢線

注不使飯動注水時勿已臨影用布蓋缸口後蓋新

綿子須蓋着子紙用生麻左索堅封蓋器以暑之切忌之

孕婦喪月經女近之若犯近之者雖蓋之醋即變

為不用　○黄衣法造　先麥令淨洗沉水令極爛

熟蒸之麻無子和雜生艾者布之麥又覆艾無者若子蓋

以蓋之七日后生黄毛即曝曬用　○麴醋　七月取

一百年米一斗極舂去碎米者極洗四五日又洗如此者日

一洗浸置至七日又洗熟蒸之待冷不使臨影納缸用者

布細紙若子紙生麻左索堅封待月十五日粗米若干

根削去皮剖作三四片洗浄置笊上去水之後向乳器別

以水和塩但甘味沸湯待冷之葉一盃之三盃式其尾置

源雪又於正月二月中生葉根洗浄削去皮大者剖作

七八片小者五六片漬之三日数改之漉出浄之式淡米泔

之熱待冷之暫有塩之葉弁瓶缸置温煖石子重之待熱

用之 ○蕗蒡漬菜 生蒡根浄洗削去皮後勿

更洗蒡切又勿更洗漬造 ○芋漬菜 俗云毛飛 邑漬菜 [illegible]

刈取浄洗剉之随剉納瓮尾勿令犯風之後畢剉後毎一斗

塩一合弐和之置器又勿犯風之後蓋置漬一日弐一夜速握

去之以手堅押築其上瓮尾勿泄之 ○芥冒菜

冬之瓜切指大作方長一寸弐以笊匡盛之納於沸熱水中即出

之若一盃別以生油五合同熱之和於濃芥汁漬造或

生姜茎長寸許切之別於下鍋熱之熱之弁漬之可

○芥汁、 芥子瀾洗乳須鍋春鍋并子布師之熱生

油小許又暫日有塩 和之至石子塗其上標閉乳

若臘日縁違者用臘月内無可但於三節

○塩蕪菁菹 俗云蕪菁菹 唐蕪菁根擇端妙者竹作刀

鉄刀之味苦不可用 去其根毛皮并損葉存其好茎皮重衣葉淨洗

著塩盃醎経宿更洗浸之経宿置筵上去之乾勿

鋳蕪菁尾蕪菁一盃乎塩三升半或三升或和之漉注甕

中綫浸根末為根置其兔涼之一云先漬之一百后乃和

塩経書夏更洗布綃上水一盃塩一升或余上周之一云以手

去其葉著蒿鞋至百蹈洗浸之百極之根一盃塩一

升半和納甕水乎井花之三升乎用泡之升和之甕堆

○生蕪菁沈菜 俗云沈菜 俗云搨 生蕪菁三経霜後採取

去不用茎及葉其斬日削淨洗更以刀正削大根乎或

三四片半剖之更洗去之或槽或蕪尾為布散塩如

霜又布蕪菁又散塩如是之経宿更洗塩之置筵

上去之乾勿鋳納蕪尾蕪菁一盃塩一升或和之漉注汤

蕪尾 ○生蕪菁根沈菜 俗云土邑沈菜 永田三月?日蕪菁

時乳薑胡椒中細末少許和之甚好仍造時生茄
茄童子各〻瓜置瓫底〻〻可厚汁水暫沸去泡財
器用為泡各汁亦可　○茄菹　毎月
用茄菜摘取洗乳使無水之滿瓮尾其之須二升白鹽
翁根菜一握式塗之鹽分茄菜一盃四升式和乗熱漉
注滿瓮尾用尾器蓋之泥塗置涼所至月冬月用
○菜薤法　以菜立案置於瓫中至〻將遂一鉢塩二升五
合之者其直瀉菜瓫待一両日后用之如薄手菹
○菜菹　摘菜洗乳於瓮底布荊寶俗云知香薷
穗俗云玄奴布菜又布荊寶香薷如是之並於瓮尾米濃半
升許　用甘草子俗云於朴子玄無子長一寸切之水一盃分塩三升式
和乗熱漉濾注之至〻滓子汾案瓮尾口以石壓之無
香薷為可　○臘菹　泥滓粿多少任之塩小許
用臘日相瓫置口塗泥待各節用童子菜洗乳沈用若
雜水生粗植之塩少分蝕多少鹹須斟酌

於不津之瓶中藏之及至來年後之泥密封埋於高
燥處中三七日然後漉出取汁微煎貯之至淳臊乳
用爲好凡造豉必以月朔不爾則月晦前造豉若
又全豉

七月望後八月望前爲太少任意多
淘洗勿設閒蒸爛熟之一日夜之既還縮待如生太
時爲度蒸之後布乾蒿於溫室作架木離地高下布
白皮次布生艾二寸許次布蒼耳葉楮葉可布半寸
許次布蒸太大許若太多則又布蒼耳葉楮葉一寸
許又布蒸太半寸許如是之則盖布蒼耳葉楮葉
生艾並厚如初布振盖其上二三件以蒿索結之待其
三七日出曝露二三七日雨則屋覆之待也白無臭然後太
一斗則軟洗去塵鹽七合好麯二合和均以爲水則如粥
注之用油紙及厚紙堅封盖器塗泥之之蓋其中
布生艾厚置缸又盖生艾厚埋暖時經七日冬則時爲二七
日或三七日隨宜出乾用或置槽合搗作餠乾用作餠

用之

○未醤豉法　以廿七月下旬白大鉢去虫損

者不實者洗淨以甑蒸折見蒸大肉存赤黑退出

敷待冷雜草等蓋草上排石皮上排黄草置上楮葉

上列蓋大二寸許厚草覆之經三日應見之草上雲諸閏葉

其黄熟者去除其草待八九日乃楮葉大交青卷白皮置

畢右件草等上葉之待七日右依草冷出陽乾以篩簸散

雜穢其淨以斗量其量大一斗塩四合麴末二合以水混漉水

熟擣大浸良久熟其熟筵器又埋於之米糞其厚覆

之熟其七日源其八九日　○未醤豉　以廿七月七日

上旬好大豆少任之洗正令皮不斂熟甑蒸終日

大豆黄時斷日異其出待冷入機械高二三尺許其上列生雜

草積置其五寸量其上又以石皮布之同大豆厚二寸或以

列布其上同末草等乞蓋覆其上雜厚草覆五六日

開見大豆黄衣生毛取熟槽器中淨揉擇搖去若豆

一斗麴末五升塩二升水一斗熟油三合椒一合和之熟

三面分置油一鍾合注於火上煏令等河甕令即速弱末將置
苷炒又豆泡置甕底又合將置時烹太二斗鹽五升水一
盆和弱甕底以如指木置橋編笞盖置度如常法
沉造用時先用至上後取至大氣作佐飯至汁水沸一
度去至上泡出器封用若豆泡炙時用生麵大末和
之合韋上用或至大置甕底取汁後蒸之取作淸醬用
至大令佐飯 ○卵醬 泡滓常畜曝乾更
作末淘沙更待乾弱甕底合將置日取好
○淸醬 太一斗洗正沉令如生大許以火二斗
𥕥擣熟蒸歇令待微溫以生達鋪床上又楮
無葉安於至上石子可一寸許又鋪楮無葉令西覆生達
待七日洒細末一斗令五鉢鹽四升烈熱合出甕熟令甕油紙
果衣口果衣於掩無葉以磁器西覆盖以泥石子塗坐半令堂冀
作坎埋於全鼓揉二七日後出洒之去滓瀉於釜令以木
刺以水限著標后水河酌出盈至標用時以水加減

末醬 正月大月廿八任意淘沙淨洗烹造
時水溢爲冷爲退火極軟烹出鑊取出舂之俾無
全米作塊爲堅略陽一面午字又反置曝一面午後外
面稍乾爲彌去石中置草蒿間弦之或房或于布蒿
芋半尺許排石一件又以草蒿厚羊盖以石皮西邊之三四件
經七日或十日十五日而薰蒸色白肉軟若至久爲生
臭斟酌出之剖作兩片處剖向日曝之一日而還納
石中如字埋置又待色白不至堅乾又出剖作二三片如
前曝之一日而還納石埋置久爲自乾出之極爲淨曝洗
造爲可 ○合醬 末醬斬連洗之末醬三斗
鹽一斗或末醬五斗鹽二斗式而以末醬爲甕未滿
斗許鹽和爲濾注兩瓮 則水下盖之許 [illegible]四斗 [illegible] 鍊爲後日
深入爲以手抆導之布鹽無夜爲盖 [illegible] 水溢 [illegible] 把置各
器多乃至注 [illegible] 須 [illegible] 隔手置瓮曝隔以手抆導之布
鹽不 [illegible] 爲 [illegible] 土 [illegible] 又合醬時須 [illegible] 瓮底置白山灰也

朝鮮開國一百六十三年甲寅六月廿四日

癸未書

甲寅後三百五十八年辛亥十二月二十五日

楷村 藏于玉芝山房

참고문헌

『계미서(癸未書)』, 찬자 미상, 궁중음식연구원 소장, 1554.

『규합총서(閨閤叢書)』, 빙허각 이씨, 1809.

『산가요록(山家要錄)』, 전순의, 1450년경.

『산림경제(山林經濟)』, 홍만선, 1715.

『수운잡방(需雲雜方)』, 김유, 1540년경.

『시의전서(是議全書)』, 찬자 미상, 1800년대 말.

『식료찬요(食療纂要)』, 전순의, 1460.

『원행을묘정리의궤(園幸乙卯整理儀軌)』, 1795

『역주방문(曆酒方文)』, 찬자미상, 1800년대

『요록(要錄)』, 찬자 미상, 1680년경.

『음식디미방(閨壼是議方)』, 장계향, 1670년경.

『음식보(飮食譜)』, 진주 정씨, 1700년대.

『잡지』, 찬자 미상, 궁중음식연구원 소장, 1721.

『주방문(酒方文)』, 하생원, 1600년대 말엽.

『증보산림경제(增補山林經濟)』, 유중림, 1766.

빙허각 이씨 지음·이효지 옮김, 『부인필지』, 교문사, 2010.

빙허각 이씨 지음·정양완 옮김, 『규합총서』, 보진재, 2006.

유중림 지음·이강자 외 옮김, 『증보산림경제 국역』, 신광출판사, 2003.

장계향 지음·경북대학교출판부 옮김, 『음식디미방』, 경북대학교출판부, 2011.

장계향 지음·백두현 옮김, 『음식디미방 주해』, 글누림, 2006.

장계향 지음·황혜성 외 옮김, 『다시 보고 배우는 음식디미방』, 궁중음식연구원, 1999.

전순의 지음·농촌진흥청 농촌자원개발연구소 옮김, 『고농서국역총서 8 산가요록(山家要錄)』, 농촌진흥청, 2004.

전순의 지음·한복려 옮김, 『다시 보고 배우는 산가요록』, 궁중음식연구원, 2007.

찬자 미상·박록담 옮김, 『한국의 전통주 주방문 세트』, 바룸, 2015.

찬자 미상·안동시 옮김, 『온주법: 의성 김씨 내앞 종가의 내림 술법』, 안동시, 2012.

찬자 미상·우리음식지킴이회 옮김, 『주방문』, 교문사, 2013.

찬자 미상·윤서석 외 옮김, 『음식법』, 아쉐뜨아인스미디어, 2008.

찬자 미상·이효지 옮김, 『시의전서(우리음식지킴이가 재현한 조선시대 조상의 손맛)』, 신광출판사, 2004.

찬자 미상·한복려 옮김, 『가가호호요리책 잡지』, 나녹출판사, 2016.

찬자 미상·한복려 외 옮김, 『음식방문-음식 만드는 법을 주로 기록한 조선시대 생활백과』, 교문사, 2014.

한복려·정길자 외 공저, 『수라일기』, 궁중음식연구원, 2017.

한복려·한복진·이소영, 『음식고전』, 현암사, 2016.

한복려·김귀영, 「계미서(癸未書)」를 통해 본 조선시대 초기의 음식문화에 대한 고찰, 한국식생활문화학회지 33(4) 307-321, 2018.

한복려·김귀영, 조선시대 전반기의 두장류(豆醬類)에 관한 문헌적 고찰, 한국식생활문화학회지 35(1) 1-13, 2020.

음식고전 시리즈

癸未書 계미서

초판 1쇄 발행 2021년 5월 15일

편역 한복려, 김귀영
펴낸 곳 (재)궁중음식문화재단 선일당
발행인 한복려

편집·제작 책책
디자인 아트퍼블리케이션 디자인 고흐
교정교열 박소영
기물사진 최동혁

출판등록 제2020-000097호
주소 (03051)서울시 종로구 창덕궁 5길 14
문의전화 02) 3673-1122~3

ISBN 979-11-974437-0-1

선일당은 (재)궁중음식문화재단에서 운영하는 출판사입니다.
이 책은 궁중음식문화재단의 지원을 받아 제작되었습니다.

궁중음식문화재단宮中飮食文化財團

Korean Royal Cuisine Culture Foundation

한국 전통 식문화의 근간이자 미래의 문화유산이 될 국가무형문화재 제38호 '조선왕조 궁중 음식'의 보존과 계승을 위해 궁중 음식 문화의 연구와 교육을 지원하는 기관입니다. 궁중 음식 문화의 토대를 정립하여 오늘날의 음식 문화에 맞게 보급하고, 국제적 교류와 홍보를 통해 문화 관광과 외식 발전에 기여하고자 문화재청 소관 공익 법인으로 2018년에 설립되었습니다.

궁중음식문화재단은 기존 궁중음식연구원(1971년 설립)의 무형문화재 '조선왕조 궁중 음식' 전수 및 연구를 발판으로 궁중 음식의 기능 전수 및 궁중 음식 문화의 연구·학술 사업, 기능인 장학 제도를 마련하고 있습니다. 조선왕조 궁중 음식을 비롯해 조선시대 음식 문화와 관련한 고전 연구와 고찰을 통하여 한국의 전통 음식 문화를 제대로 알리고자 노력하고 있습니다. 아울러 전통 음식을 만드는 솜씨가 뛰어난 한식 예술 장인을 발굴하고 지정하여, 한국 전통 음식의 맥을 잇고 한식 산업의 발전에 기여하고자 합니다.

한복려

고려대학교 대학원 식품공학과 졸업(농학석사)
명지대학교 대학원 식품영양학과 졸업(이학박사)

국가무형문화재 제38호 '조선왕조궁중음식' 기능보유자이자 사단법인 궁중음식연구원과 공익법인 궁중음식문화재단 이사장이다. 조선왕조 마지막 주방 상궁에게 궁중 음식을 전수받아 사라질 위기에 처했던 한국 음식 문화를 보존하고 전승하는 데 큰 공을 세운 고(故) 황혜성 교수의 장녀이기도 하다. 어릴 때부터 어머니에게 음식을 전수받았고 전통 음식의 학문적 연구와 조리 기능 전수에 정진하고 있다.
2000년부터 국가 주요 행사에서 메뉴를 자문했으며 2004년 MBC 드라마 〈대장금〉에서 궁중 음식 자문과 제작을 맡아 전 세계에 한식을 알리는 중추적 역할을 하기도 했다.
1960년대부터는 국가 전수생으로 궁중 음식을 본격적으로 연구하기 시작했으며, 이후 50여 년간 궁중 음식 전수 교육과 재현, 관련 연구서 저술 등의 활동을 펼치며 한국 음식 문화의 원형을 보존하고 전승하는 데 힘썼다.
저서로는 『조선왕조 궁중음식』『고종 정해년 진찬의궤』『한국인의 장』『우리가 정말 알아야 할 우리 김치 백가지』『쉽게 맛있게 아름답게 만드는 떡』『떡과 과자』『혼례』『다시 보고 배우는 음식디미방』『다시 보고 배우는 산가요록』『잡지』『음식고전』 외에 다수가 있다.

김귀영

한양대학교 대학원 식품영양학과 졸업(이학석사)
세종대학교 대학원 가정학과 조리학전공 졸업(가정학박사)

한국 식문화의 대부인 고 이성우 교수님의 지도로 1977년 한양대학교 식품영양학과 석사과정 중 식생활 문화 연구에 입문하여, 일찍부터 고조리서에 관한 논문을 다수 발표하였다. 1980년에 상주대학교(현 경북대학교 상주캠퍼스) 교수로 부임하여 2018년 8월 정년퇴직하였으며, 경북문화재 전문위원이며, 경북 지역의 종가 음식 문화 조사에 관한 연구를 다수 수행하였다. 현재는 경북대학교 명예교수이며, 재단법인 궁중음식문화재단 학술교수로 궁중음식과 미발표된 고조리서를 연구하고 논문 발표에 힘쓰고 있다.
대표적인 고조리서에 관한 논문으로 『주방문』『온주법』『음식보』『음식책』『임원십육지』『잡지』『계미서』『음식절조』 등에 관하여 연구 발표하였다. 저서로는 『우리 음식의 맛』『발효식품』 외에 다수가 있다.